व्यावसायिक विचारों के पंख

यात्रा उद्यमिता की ओर.

सीए पंकज तनेजा

अनुक्रम

<u>परिचय</u>

सचिन मेहरा दुनिया की सबसे प्रतिष्ठित मोबाइल निर्माण कंपनी में काम कर रहे थे और अच्छी खासी सैलरी कमा रहे थे। उनके पास सभी संभव सुविधाओं के साथ एक भव्य घर था, और यहां तक कि अन्य कर्मचारियों के अलावा पारस नाम का एक पूर्णकालिक घरेलू सहायक भी था, जो एक 28 वर्षीय ग्रामीण था।

35 साल की उम्र में, सचिन वित्त क्षेत्र में आवश्यक प्रमुख व्यक्तियों में से थे और उन्हें कंपनी के मुख्य कार्यकारी अधिकारी (सीईओ) द्वारा 'महीने का सर्वश्रेष्ठ कर्मचारी' के रूप में दो बार सम्मानित किया गया था। इसके अलावा, वह हर तिमाही वेतन के बराबर बोनस के लिए पात्र था। संक्षेप में, वह अपने करियर में एक ऐसे पायदान पर पहुंच गए थे, जो उनके अधिकांश सहयोगियों के लिए एक सपने की तरह था। एक सफल कैरियर होने के अलावा, उनका व्यक्तिगत जीवन भी बहुत अच्छा था। वह एक खूबसूरत लड़की से प्यार करता था, और उन्होंने छह महीने के भीतर शादी करने का फैसला किया था।

दुर्भाग्य से, जीवन ने उनके लिए एक अप्रत्याशित यू-टर्न ले लिया। अचानक, उसे पेट में तेज दर्द हुआ। उन्हें नहीं पता था कि सिर्फ़ पेट दर्द कुछ विनाशकारी में बदल जाएगा। शुरुआती दिनों में, उन्होंने सोचा कि उन्हें अपने अस्वास्थ्यकर खाने की आदतों के कारण गैस्ट्रिक समस्याएं हो रही हैं। हालांकि, जब यह जारी रहा, तो उन्हें कुछ परीक्षणों से गुजरना पड़ा। परिणामों से उनकी दुनिया हिल गई थी। डॉक्टरों ने बताया कि उनकी किडनी फेल हो गई थी, जो अपनी क्षमता के पच्चीस प्रतिशत पर ही काम कर रही थी। एकमात्र समाधान इसे जल्द ही बदलना था। हालांकि, ऐसा करने के लिए, उन्हें बहुत सारे धन, एक दाता, साथ ही स्वास्थ्य स्थितियों में स्थिरता की ज़रूरत थी। दुर्भाग्य से, निकट भविष्य में उनमें से कोई भी संभव नहीं लग रहा था।

उनके सहयोगी और प्रबंधन इस खबर से समान रूप से अलग थे, क्योंकि वह कंपनी के मुख्य आधार थे। उनकी स्वास्थ्य स्थिति के निदान के बाद, कंपनी में सभी ने कार्यालय समय के बाद दिन-प्रतिदिन की गतिविधियों के साथ उनका समर्थन करना शुरू कर दिया। वह अपने सहयोगियों द्वारा दिखाई गई करुणा से अभिभूत थे, क्योंकि उन्हें हर तीसरे दिन डायलिसिस के लिए जाना पड़ता था और वह पहले जो करते थे उसका आधा भी योगदान नहीं दे पा रहे थे। इन दिनों, कार्यालय में उनके कार्य आवंटन में गिरावट शुरू हो गई। इसे अब अन्य सहयोगियों को सौंपा गया था। दोषी महसूस करते हुए, सचिन ने कार्यालय में जितना हो सके भाग लिया। लेकिन चूंकि उनके लिए बुनियादी दिनचर्या का सामना करना भी मुश्किल था, इसलिए उन्हें निरंतर सहायता की ज़रूरत थी। यहीं से उनके घर के नौकर पारस ने तस्वीर में कदम रखा। सचिन को पारस को उसकी देखभाल करने, भोजन उपलब्ध कराने, उसे काम करने में मदद करने के लिए कार्यालय में भी लाना पड़ा; मूल रूप से, सब कुछ के साथ।

इस दौरान पारस ने कार्यालय के माहौल का अवलोकन करना शुरू किया। एक उद्यमी बनने का उनका सपना, जो लंबे समय से दफन था, जाग गया। सचिन की जरूरतों को पूरा करते हुए, पारस सचिन के साथ अपने विचार साझा करते थे। वह विलाप करते हुए कहते थे कि वह कैसे चाहते थे कि उनकी परिस्थितियां अलग होतीं! फिर, उन्होंने बेहतर अध्ययन किया होगा, अपना खुद का कुछ शुरू करने के लिए उचित ज्ञान और कौशल सेट होगा। सचिन हैरान हो गए और उन्होंने पूछा कि उनके मन में क्या है। पारस ने बताया कि उसका सपना एक प्रकार का चावल लॉन्च करना था, जो वसा मुक्त हो, ताकि लोग पोषण संबंधी चिंताओं से मुक्त होकर उसका सेवन कर सकें। यह सिलसिला लंबे समय तक चलता रहा। जब भी सचिन सहज होते थे, पारस अपनी महत्वाकांक्षा के बारे में साझा करता था, जबकि सचिन उनकी विचार प्रक्रिया पर आश्चर्य करते थे, यह महसूस करते हुए कि भले ही उसने औपचारिक शिक्षा नहीं हासिल की है, लेकिन ज्ञान प्राप्त करने की उसकी जिज्ञासा और आग्रह प्रभावशाली था। बदले में, सचिन ने पारस को प्रोत्साहित

किया और उसके सभी प्रश्नों का उत्तर देने की कोशिश की। पारस और सचिन के बीच अब तक एक खास रिश्ता बन चुका था, क्योंकि पारस पूरे दिल से उनकी सेवा कर रहे थे।

इस बीच सचिन का करियर ढलान पर जा रहा था। सिर्फ़ तीन महीने की अवधि में, उनके पास कार्यालय में कोई काम नहीं बचा था। फिर एक दिन एचआर विभाग ने उन्हें फोन किया और तीन महीने के बोनस वेतन के साथ इस्तीफा देने का अनुरोध किया। उन्होंने तर्क दिया कि उनके पास ऐसा कोई काम नहीं है जो उनके खराब स्वास्थ्य के कारण उन्हें आवंटित किया जा सके। इसलिए, यह बेहतर होगा कि वह स्वेच्छा से चले जाएं, अन्यथा एक विशिष्ट अवधि के बाद, उन्हें उसे निकालना होगा। सचिन के लिए यह बड़ा झटका था। उनके पास कोई विकल्प नहीं बचा था क्योंकि उनके मेडिकल बिल पहले से ही बहुत अधिक थे, और बीमा कंपनी की सीमाएं भी समाप्त हो गई थीं। अनजाने में, उन्होंने स्वीकार किया कि वह पूरी क्षमता से काम नहीं कर सकते।

उनकी नौकरी की स्थिति के बारे में जानने के बाद, उनकी मंगेतर ने उनकी सगाई तोड़ दी। यह सचिन के लिए आखिरी तिनका था, जो अब निराश महसूस कर रहे थे। जीवन ने उन्हें जो पेशकश की, उसके लिए समझौता करने के अलावा उनके पास कोई विकल्प नहीं था। उस समय, उन्हें अपने सपनों का पालन नहीं करने और अपने सपने को सच नहीं करने की अपनी गलती का एहसास हुआ।

सचिन ने क्या सबक सीखा?

सचिन ने सीखा कि अगर किसी में जीवन में कुछ प्रमुख करने की क्षमता है, और फिर भी, अगर वह एक छोटे लक्ष्य के लिए समझौता करता है, तो किसी न किसी बिंदु पर, उसे अपने फैसले पर पछतावा होगा। लेकिन सचिन अपने विचारों को निष्पादित करने में असमर्थ क्यों थे, और इसके बजाय खुद को दूसरे के व्यवसाय में इतनी गहराई से निवेश किया कि उन्हें इतने सारे पुरस्कार और प्रशंसा मिली? कारण यह था कि उनके पास अपने विचार को लागू करने के लिए कोई योजना या कदम नहीं थे, और इसे दूसरों के लिए पूरा करने के लिए एक सपने के रूप में जाने दिया। सचिन ने अपना जीवन किसी और के विचार को पूरा करने में बिताया और अपनी महत्वाकांक्षाओं और आकांक्षाओं के बारे में भूल गए। वह जानता था कि यद्यपि एक व्यक्ति एक व्यवसाय शुरू कर सकता है, लेकिन वह इसे अपने दम पर नहीं चला सकता है। इसके लिए एक टीम गठित करने की जरूरत है, एक प्रक्रिया का पालन करना होगा। और कंपनी में हर एक को विजन और प्रक्रिया का पालन करना होगा, तभी आप बाजार में टिक सकते हैं और अपनी पहचान बना सकते हैं। सचिन के पास इस उद्यमी यात्रा को लेने की हिम्मत नहीं थी और इसके बजाय उन्होंने किसी के तहत नौकरी करने, किसी और के सपनों को पूरा करने का सुरक्षित रास्ता चुना, जबकि खुद को छोड़ दिया। और जब तक उनका स्वास्थ्य ठीक था, तब तक उन्हें अपने फैसले पर कभी पछतावा नहीं हुआ; वास्तव में, इसे बुद्धिमानी मानते हुए, आर्थिक रूप से, वह अच्छा कर रहा था।

लेकिन सचिन अब दुनिया के तौर-तरीकों को समझ चुके थे। वह जानता था कि जिस दिन आप कर्तव्यों को पूरा करने में अक्षम हो जाएंगे, आपको बाहर निकाल दिया जाएगा। समर्पण और वफादारी के वर्षों को मिनटों में भुला दिया

जाएगा। अब तक, वह जानता था कि लोग सिर्फ़ सफलता से जुड़े रहना पसंद करते हैं।

वह अब अपने शानदार जीवन को जारी रखने की स्थिति में नहीं था, क्योंकि उसके पास कोई नौकरी नहीं थी। साथ ही मेडिकल बिल उनकी बचत को खा रहे थे। उनके सभी कर्मचारियों को लंबे समय तक निपटाया गया था, सिर्फ़ पारस उनके साथ बचे थे, क्योंकि उन्होंने ऐसी स्थिति में अपना पक्ष छोड़ने से इनकार कर दिया था। इससे सचिन को एहसास हुआ कि पारस एक सच्चा रत्न है। अब जब उसके पास करने के लिए कुछ नहीं बचा था, तो उसने सोचा कि पारस को उसकी सारी देखभाल के लिए चुकाने के लिए वह कम से कम इतना तो कर ही सकता है कि उसे अपने सपने को जीने में मदद करे। उन्होंने पारस का मार्गदर्शन करने का फैसला किया ताकि वह कम से कम अपने विचार को निष्पादित कर सकें और इसे वास्तविकता बना सकें। सचिन ने इस विचार पर गहरा विचार किया था कि पारस ने चावल से सभी तेल सामग्री को हटाकर वसा रहित चावल तैयार करने के बारे में बार-बार चर्चा की थी। एक वित्तीय सलाहकार होने के नाते, सचिन उसे मौद्रिक सहायता प्रदान करने की स्थिति में नहीं थे, लेकिन उसकी आकांक्षाओं को प्राप्त करने के लिए एक व्यवसाय स्थापित करने में पारस का समर्थन करने के लिए उनके पास ज्ञान और सही लिंक थे। और वह इसे देने के लिए दृढ़ था।

अध्याय 1-परिणाम के लिए विचार

"सिर्फ़ इसलिए कि आपने एक अच्छी योजना बनाई है, इसका मतलब यह नहीं है कि ऐसा होने जा रहा है" - टेलर शिफ्ट

सचिन ने पारस को अपने कमरे में बुलाया और उसे बताया कि वह वसा रहित चावल के विचार को निष्पादित करने में उसकी मदद कैसे करेगा। हालांकि, पारस ने यह कहते हुए ध्यान नहीं दिया कि उसके पास कोई पैसा, ज्ञान, शिक्षा या कोई अन्य विशेषता नहीं है, जो उसे व्यवसाय में बनाए रखने और इसे बढ़ाने में मदद करेगी। उन्होंने खुद से सवाल किया कि ऐसी परिस्थितियों में प्रदर्शन करना उसके लिए कैसे संभव होगा। लेकिन सचिन ने उसे समझाया कि बिजनेस शुरू करने के लिए जिस प्रमुख फैक्टर की जरूरत होती है, वो है हिम्मत। इसके अलावा, जिस क्षण आपके पास एक विचार होता है, आपकी व्यावसायिक यात्रा उस दिन शुरू होती है, हालांकि विचार का मूल्य सिर्फ़ एक बार होता है जब इसे निष्पादित किया जाता है। जब आप व्यावसायिक यात्रा पर हों तो विभिन्न कारकों का ध्यान रखना आवश्यक है, लेकिन वे सभी गौण हैं। इसके बाद, सचिन ने अपने विचारों को निष्पादित करने में मदद करने के लिए विभिन्न तरीकों, शर्तों और कहानियों को साझा किया।

व्यापार के लिए यात्रा

उन्होंने बताया कि व्यवसाय की यात्रा ही एकमात्र तरीका होगा जिससे आप जीवन में अपने दीर्घकालिक परिप्रेक्ष्य को प्राप्त करेंगे-वित्तीय स्वतंत्रता और अपनी विरासत को बढ़ाना।

एक बार जब आप अपनी उद्यमशीलता की यात्रा शुरू करते हैं, तो आपको अन्य चीजों के बीच एक टीम, एक ब्रांड, एक उत्पाद बनाने की ज़रूरत होती

है, जो आपको वित्तीय सुरक्षा हासिल करने में मदद करती है। एक कारक जो आपको याद रखने की ज़रूरत है वह यह है कि वेतन की हमेशा एक सीमा होती है। इसके अलावा, अगली पीढ़ी हमेशा कम कीमत पर अपना काम अधिक कुशलता से करने के लिए तैयार है। यह अंततः आपको लगातार उच्च जोखिम में रखता है। इसलिए, वित्तीय सुरक्षा प्राप्त करने और सपनों को पूरा करने के लिए, किसी को व्यवसाय की यात्रा पर चलने के लिए कम से कम एक बार प्रयास करना चाहिए। हालांकि, यह ध्यान रखना बहुत ज़रूरी है कि यह स्वयं द्वारा प्राप्त नहीं किया जा सकता है; इसके लिए एक मेहनती टीम और टीमवर्क की ज़रूरत होती है, क्योंकि उल्लेखनीय आकार के किसी भी व्यवसाय को अकेले नहीं बनाया जा सकता है। यह न सिर्फ़ आपको पूर्ण सुरक्षा प्राप्त करने और सहयोग प्राप्त करने में मदद करता है, बल्कि यह आपके सपनों को प्राप्त करने में भी मदद करेगा, जिन्हें आपने खुली आंखों से सपना देखा है।

जब आप व्यवसाय करने की यात्रा शुरू करते हैं, तो आपको एक सलाहकार से मिलना चाहिए जो आपको एक ऐसी इकाई बनाने में मदद कर सके जो आपके सपनों को एक नाम दे। हमेशा छोटी शुरुआत करने के बारे में सोचें। आइए समझें कि इसके बारे में कैसे जाना है। अगर आप फैक्ट्री शुरू करना चाहते हैं तो ट्रेडिंग से शुरुआत करना बेहतर है। या अगर आप डीलरशिप लेने जा रहे हैं, तो उत्पाद ज्ञान और उचित प्रशिक्षण होना अनिवार्य है, जो आपको उत्पादों की मार्केटिंग और बिक्री में मदद करेगा। यह निश्चित रूप से एक संक्षिप्त विचार देगा कि आपका उत्पाद बाजार पर कैसे प्रतिक्रिया देता है। इसके अलावा, आप एक नेटवर्क भी बनाएंगे, जिसमें आपकी खरीद और बिक्री के लिए विभिन्न विक्रेता शामिल होंगे। आपको तकनीकी ज्ञान भी प्राप्त होगा, जो इस क्षेत्र में आपके विकास के लिए बहुत ज़रूरी है। गहराई से तकनीकी ज्ञान आपको दूसरों पर बढ़त देगा, इसलिए आपको अतिरिक्त लाभ कमाने में मदद मिलेगी। उदाहरण के लिए, अगर किसी व्यक्ति को निवेश के बारे में ज्ञान है, तो वह धन का इष्टतम उपयोग करेगा, जैसे कि वह न सिर्फ़

लाभ अर्जित करेगा, बल्कि अपने धन से ब्याज आय भी अर्जित करेगा। इससे आपको बहुत ज़रूरी लाभ प्राप्त करने में मदद मिलती है।

सचिन ने सुझाव दिया कि हम चावल की दुकान शुरू करेंगे क्योंकि यह पारस को विचार के अंतिम उत्पाद तक पहुंचने के लिए अंतर्दृष्टि देगा। किसी भी मामले में, उसके ग्राहक और आपूर्तिकर्ता समान होंगे। चाहे विचार निष्पादित हो या नहीं, यह ग्राहकों, आपूर्तिकर्ताओं और, सबसे महत्वपूर्ण रूप से, बाजार के रुझानों के लिए एक परिचय के रूप में काम करेगा। इसलिए, उनके सपनों के निष्पादन का पहला चरण व्यावसायिक परिदृश्य सीखना होगा। हालांकि पारस आश्वस्त नहीं थे लेकिन सचिन की निरंतर प्रेरणा और समर्थन के साथ, वह अपने अनुकूल पैमाने पर चावल की दुकान खोलने के लिए सहमत हुए। पारस के मन में कई सवाल उठ रहे थे। बहरहाल, एक बात स्पष्ट थी कि अगर उसने इस यात्रा को एक कोशिश भी नहीं दी, तो वह निश्चित रूप से अंदर ही मर जाएगा, और उसके सपने मर जाएंगे।

सचिन की प्रेरणादायक बातों ने उसे जिज्ञासा से चारों ओर देखने पर मजबूर कर दिया था। उसके मन में कुछ सवाल उठ रहे थे - अगर मारुति ने अपनी यात्रा शुरू नहीं की होती तो क्या होता? क्या दुनिया आज एक सस्ती कार चलाने में सक्षम होती? नहीं, कभी नहीं। इसी तरह, उद्यमियों की कई और प्रेरणादायक यात्राएं थीं, जिन्होंने अपनी यात्रा शुरू की जो दूसरों के लिए असंभव लग रही थी। लेकिन आप कभी नहीं जानते कि क्या यह विचार बड़े पैमाने पर समाज के लोगों के लिए एक समस्या समाधानकर्ता हो सकता है। आटा मिल, चावल मिल, दाल मिल आदि के छोटे निर्माता अगर अपनी यात्रा से नहीं गुजरे होते, तो शायद लोग खाना नहीं खा पाते। यह निर्णायक कारक था। उन्हें न सिर्फ़ अपने लिए बल्कि सामान्य रूप से समाज के लिए यात्रा से गुजरना पड़ा।

कारोबार में 'छह बजे' नहीं

सचिन ने बताया कि हालांकि एक कर्मचारी नौ से छह काम करके खुश है, अपने ख़ाली समय में आनंद ले रहा है और आराम कर रहा है, लेकिन जो लोग व्यवसाय करना चाहते हैं उनके लिए ऐसा कोई विशेषाधिकार नहीं है। आपको 24*7 काम करने के लिए तैयार रहना चाहिए, क्योंकि आप न सिर्फ़ अपने लिए बल्कि अपनी टीम के लिए भी काम कर रहे हैं। आपका पैसा, संरक्षक, सलाहकार और कर्मचारी आपके लिए काम कर रहे हैं, और इसलिए आप कई लोगों की जिम्मेदारी निभा रहे हैं। व्यवसाय को निरंतर ध्यान देने की ज़रूरत है क्योंकि यात्रा के दौरान आपको कई समस्याओं का सामना करना पड़ता है।

एक व्यवसायी व्यक्ति के बारे में सोचें जिसका मूल्यवान सामान वाला ट्रक आधी रात को सड़क पर चल रहा है ताकि वह गंतव्य तक पहुंच सके, और एकमात्र जिम्मेदारी चालक की है। उस समय, उद्यमी की मानसिकता क्या होगी? वह लगातार चिंतित रहेगा कि सभी सामान सुरक्षित रूप से अपने वितरण बिंदु तक पहुंचेंगे या नहीं। ऐसा करने के लिए, उद्यमी को जोखिम कम करने और व्यवसाय में निरंतरता बनाए रखने के लिए पर्याप्त ध्यान देने की ज़रूरत होगी। ऐसे कई मौके आने वाले हैं। इसलिए, एक व्यवसाय का नेतृत्व करना एक पूर्णकालिक नौकरी है।

एक कर्मचारी होने के दौरान, आपने कभी भी इस बात की परवाह नहीं की कि शाम 6 बजे के बाद या सुबह 9 बजे से पहले कार्यालय में क्या हुआ। लेकिन अब, जब आप व्यावसायिक यात्रा पर हैं, तो आपको व्यवसाय के सभी पहलुओं के बारे में सोचना होगा, और यहां तक कि योजना बनानी होगी कि आपकी टीम नौ से छह तक क्या करेगी। आपका छोटा जश्न तब होगा जब आप व्यवसाय में छोटी उपलब्धियों को पूरा करेंगे। आप आंतरिक नियंत्रण के

माध्यम से चौबीस घंटे अपनी आँखें खुली रखेंगे; बाकी पैसे से ही नियंत्रित किया जाएगा। इसके अलावा, अगर आपकी टीम कुशल है, तो वे उस काम को करेंगे जिसे आप पूरा नहीं कर सकते हैं। हालांकि, आपको यह समझना होगा कि एक कर्मचारी और नियोक्ता की जिम्मेदारियों के बीच एक स्पष्ट अंतर है। अगर आप नौ से छह के अलावा सक्रिय नहीं हैं तो आपके व्यवसाय को नुकसान हो सकता है। चाहे मशीन या किसी टीम के सदस्य द्वारा की गई कोई गलती हो या नियंत्रण में कोई गलती हो, तो ऐसा नुकसान सिर्फ़ आपके व्यवसाय द्वारा वहन किया जाएगा, और आप किसी और को जिम्मेदार नहीं ठहरा पाएंगे।

मैदान में कूदने से पहले योजना बनाएं

अगर आपको लगता है कि आपका व्यवसाय बहुत सुलभ है और बदले में कुछ भी लिए बिना आपको पैसा देगा, तो आप गलत हैं। यह एक मिथक है कि यह दुनिया सिर्फ़ इस अवधारणा पर चलती है कि आपके द्वारा प्रदान किया जाने वाला इनपुट आपको मिलने वाला आउटपुट है। इसी तरह, लाभ के लिए, व्यवसाय को पूर्णकालिक मोड में समय और ध्यान देने की ज़रूरत होती है। इसलिए, व्यवसाय की योजना बनाने से पहले, आपको अपने मार्जिन को व्यवहार्य बनाने के लिए अत्यधिक योजना की ज़रूरत होती है। कोई भी व्यवसाय दीर्घकालिक लक्ष्य पर काम नहीं करता है जब तक कि यह एक समस्या हल करने वाला न हो और जनता को लाभान्वित न करे। जैसा कि एक व्यवसाय सेट-अप में समय लग सकता है, आपको उस अवधि में आवश्यक संसाधनों के साथ तैयार रहना चाहिए। यह प्लानिंग तभी सफल होगी जब आपने अपने और अपने परिवार के लिए वित्तीय सुरक्षा बनाई हो और न्यूनतम स्टार्ट-अप अवधि के लिए तैयार हों।

जैसा कि हम छोटे पैमाने पर व्यवसाय शुरू करने जा रहे हैं, यह एक परिकलित जोखिम है, क्योंकि हम कभी भी उच्च जोखिम में नहीं होंगे। क्या होगा अगर योजनाएं काम नहीं करती हैं? आपको अपने संकट प्रबंधन पर भी काम करना होगा, यह तय करना होगा कि आप कम कमाई के दबाव को कब संभाल सकते हैं और जो आपके पास है उसे व्यवसाय को दे सकते हैं।

सचिन ने पारस को निर्देशित किया कि यद्यपि आपको बहुत प्रयास करना होगा, लेकिन यह आपके सपनों को प्राप्त करने और अपने जीवन के अंतिम उद्देश्य को पूरा करने का एकमात्र मार्ग है। हालांकि पारस ने ज्ञान और साधनों की कमी के कारण अच्छी तरह से योजना नहीं बनाई थी, लेकिन उसके पास खोने के लिए कुछ भी नहीं था। फिर भी, उसने यह सुनिश्चित किया कि उनकी व्यावसायिक योजना की विफलता के मामले में, उसके पास कम से कम एक साल के लिए अपने परिवार को खिलाने और सचिन के मार्गदर्शन के अनुसार कुछ आकस्मिक निधि निकालने के लिए पर्याप्त होगा। यह एक कठिन निर्णय था, लेकिन उसने इसे एक कोशिश भी नहीं देने के लिए बाद में पश्चाताप करने के बजाय इसे छोड़ने का फैसला किया। इसके अलावा, उसके पास सचिन जैसा एक संरक्षक था, जो उसके मार्गदर्शक देवदूत थे और उन्हें स्टार्टअप की कला सिखाते थे।

स्टार्ट-अप की कला

स्टार्ट-अप की कला सीखना आवश्यक है क्योंकि यह सिर्फ़ निर्णय लेने पर आधारित है। आपके और अपने सपनों के साथ नहीं जाने वालों के बीच का अंतर सिर्फ़ निर्णय लेने की शक्ति है। स्टार्ट-अप में गहन निर्णय लेने के कौशल शामिल होते हैं जिन्हें सीखने की ज़रूरत होती है, क्योंकि वे कार्यान्वयन के माध्यम से मार्गदर्शक कारक होंगे। सबसे पहले और सबसे महत्वपूर्ण, आपके

पास योजना बनाने की क्षमता होनी चाहिए कि छोटे पैमाने पर कैसे शुरू किया जाए, अपने विचार को छोटे भागों में तोड़ दिया जाए। दूसरे, सीखने की सबसे महत्वपूर्ण बात एक ऐसी पहचान बनाना है जो आपके सपनों को एक नाम देने में मदद करे, और अंत में, आपको पता होना चाहिए कि उन्हें कैसे निष्पादित किया जाए। इसलिए, संक्षेप में, आपको अपने व्यवसाय को जन्म देना चाहिए, फिर इसे नाम देना चाहिए, इसे सही विचारों के साथ पोषण करना चाहिए, और इसे विकसित करना चाहिए।

अब सवाल यह है कि आप अपने व्यवसाय के बारे में कैसे जानेंगे? खैर, यह सिर्फ़ बाजार विश्लेषण के माध्यम से किया जा सकता है, या तो कम पैमाने पर काम करके या किसी संस्थान के साथ उत्पादों में प्रशिक्षण प्राप्त करके। अगर आप अपने व्यवसाय को नहीं जानते हैं, तो आप अधिकतम लाभ नहीं कमा सकते हैं, और आप अपनी गलतियों से सीखते हुए बहुत समय और पैसा भी बर्बाद करेंगे।

पारस के लिए अवधारणाएं नई थीं। इसलिए, सचिन ने उन्हें प्रासंगिक उदाहरणों के माध्यम से समझाना सबसे अच्छा समझा। इसलिए, उन्होंने निम्नलिखित केस स्टडी सुनाई:

पंखुड़ी विज्ञापन उद्योग में एक व्यवसाय शुरू करना चाहती थी। परिस्थितियों ने उसे अपने सपनों को मौका देने की गुंजाइश नहीं दी। इसके कारण उसे अपने सपनों पर काम करने का समय नहीं मिला। फिर भी, उसे पूरा यकीन था कि उसे अपने लक्ष्य को प्राप्त करने की दिशा में काम करना होगा। जब कुछ करने की ललक उस पर हावी हो गई, तो उसने अपनी नौकरी जारी रखते हुए अपने माता-पिता के नाम पर एक कंपनी बनाई। उसने अपने नेटवर्क और सोशल मीडिया प्लेटफॉर्म के माध्यम से अपनी विज्ञापन कंपनी का विपणन शुरू किया। हालांकि, वह इसके लिए कोई विज्ञापन अनुबंध

हासिल नहीं कर पाई। कम लागत पर अधिक विज्ञापन देने के लिए, उसने एक वाहन खरीदा, उसके ऊपर एक स्क्रीन लगाई, और चालक को सड़कों पर चलने और पीक आवर्स के दौरान सार्वजनिक स्थानों पर रहने का निर्देश दिया। उसकी खुशी के लिए, एक सप्ताह के भीतर, उसे उस स्क्रीन पर विज्ञापन देने का आदेश मिला जिसका वह अपने लिए उपयोग कर रही थी। उनका विचार आया, और उन्हें काफी कुछ असाइनमेंट मिले, इतना कि उन्हें एक विपणन कार्यकारी को काम पर रखना पड़ा जो लीड को पूरा करता था और वाहनों पर विज्ञापन चलाने से पहले औपचारिकताओं को पूरा करता था। कुछ महीनों के बाद, वह एक आरामदायक स्थिति में पहुंच गई। उनके लिए कुछ बैकअप योजनाएं उपलब्ध थीं और उनके स्टार्ट-अप में कुछ राजस्व भी था। प्रगति से आश्वस्त होकर, उसने अपनी नौकरी छोड़ दी और अपनी कंपनी का विस्तार किया। उसने स्टार्ट-अप की अपनी कला की योजना बनाई और अपनी कंपनी के विकास की दिशा में काम किया।

इसी तरह, हर किसी के पास एक स्टार्ट-अप योजना होती है, जो अगर किसी के पास हासिल करने की क्षमता और झुकाव है, तो उनके लिए काम करता है।

अशिक्षित व्यवसाय में उत्कृष्टता क्यों प्राप्त करते हैं

हमने अक्सर देखा है कि अशिक्षित व्यक्ति व्यवसाय में अधिक होते हैं और साधारण कारण से भी सफल होते हैं कि अपर्याप्त ज्ञान उन्हें जोखिम लेने की अपार शक्ति देता है। अगर आप नहीं जानते हैं, तो ज्ञान की कमी के कारण आने वाली समस्याएं अंततः वह शक्ति बन जाएंगी जो व्यवसाय को बढ़ाने में मदद करेगी। यद्यपि पर्याप्त ज्ञान के बिना शुरू करने की अनुशंसा नहीं की जाती है, विचार धीरे-धीरे सीखना और निष्पादित करना है, क्योंकि इससे कम जोखिम और पैमाने के अनुभव होंगे। साथ ही, अशिक्षित लोग सीखने में कभी

नहीं हिचकिचाते, क्योंकि उनका मानना है कि उनके पास ज्ञान का एक खाली गिलास है जिसे भरने की जरूरत है। इसलिए, उन्हें याद रखना चाहिए कि पूछने में कभी झिझक नहीं होनी चाहिए। मस्तिष्क को प्रशिक्षित किया जाना चाहिए ताकि आप कभी भी किसी से कुछ भी पूछने के लिए दोषी महसूस न करें। इसी तरह, हमने महिलाओं को बाजार में सौदेबाजी करते देखा है। कुछ लोग 500 रुपये के सामान के लिए सिर्फ ₹5000 बताने की हद तक चले जाते हैं। ऐसे परिदृश्य में, अगर आप बुनियादी रणनीति नहीं सीखते हैं, तो आपका व्यवसाय उच्च जोखिम में होगा। अंततः, एक व्यवसायी को हमेशा याद रखना चाहिए कि परिकलित जोखिम हमेशा उच्च जोखिम से बेहतर होता है। व्यापार में जोखिम एकमात्र कारक नहीं है। अन्य कारकों पर भी ध्यान देने की ज़रूरत है।

सचिन से इस तरह की अवधारणा के बारे में सुनने के बाद, पारस यह सोचकर चकित थे कि कैसे उनके ज्ञान की कमी एक वरदान थी। अब उसने अज्ञानता की छिपी हुई शक्ति को पहचान लिया और खुद पर हंसने लगा कि अज्ञानी होना भी एक ताकत हो सकती है; उन्होंने कभी इसकी कल्पना भी नहीं की थी। हालांकि, अब जब वह बेहतर जानता था, तो उसने कदम से कदम मिलाकर सब कुछ सही करने के लिए निश्चित योजनाएं बनाना शुरू करने और उसके लिए प्रासंगिक विभिन्न तरीकों के माध्यम से ज्ञान प्राप्त करने का फैसला किया।

अपने जीवन को अर्थ दें

हम हमेशा से जानते हैं कि किसी को कुछ देने के पीछे की खुशी अवर्णनीय है। समाज को किसी समस्या या उत्पाद का समाधान प्रदान करने की कल्पना करें। यह आपको असीम आनंद देगा, अंततः आपके जीवन को अर्थ देगा। इस ब्रह्मांड में हर जन्म अद्वितीय है, इसलिए जीवन में अपने उद्देश्य का पता लगाने के लिए, व्यवसाय शुरू करें। आपके जीवन का अर्थ सिर्फ़ तभी प्राप्त

होता है जब आप बड़े पैमाने पर समाज की सेवा करते हैं, जो सिर्फ़ व्यवसाय के माध्यम से ही संभव है। वेतन में हमेशा कुछ प्रतिबंध होते हैं, और मुआवजा आपके सपनों को पूरा नहीं कर सकता है। जीवन को पूरी तरह से जीने के लिए, आपको बहुत सारे पैसे की ज़रूरत होती है, और यह सिर्फ़ 'जर्नी टू बिजनेस' की मदद से अर्जित किया जा सकता है। यह हमेशा गर्व की बात होती है जब आप अपने ब्रांड नाम या उत्पाद के नाम से जाने जाते हैं, जो आपको आपके द्वारा इस दुनिया में लाई गई किसी चीज के मालिक होने की भावना देता है। आपके द्वारा महसूस की जाने वाली खुशी भावनाओं के समान होती है जब आपका पहला बच्चा होता है।

आप अपने जीवन को अर्थ कैसे दे सकते हैं? यह तभी होता है जब समाज सामान्य रूप से आपके व्यवसाय को एक ब्रांड के रूप में स्वीकार करता है। अगर आप देखें, तो घर में हर किसी को मसाले, आटा, दाल और अन्य किराने के सामान के एक विशेष ब्रांड के लिए प्राथमिकता है जो हम उपभोग करते हैं। कहने की जरूरत नहीं है कि हर ब्रांड मालिक को जीवन देता है। उदाहरण के लिए, हम लंबे समय से एमडीएच मसाला का उपयोग कर रहे हैं। कभी-कभी, मुझे आश्चर्य होता है कि मालिक को कितना गर्व होगा जब वह किसी भी रसोई में अपना उत्पाद देखता है। कोई अन्य प्रशंसा नहीं है जो उस संतुष्टि की तुलना कर सकती है जो किसी को यह देखकर महसूस होती है कि उसने खुद को बनाया है, जिसकी गुणवत्ता के लिए प्रशंसा की जा रही है। अगर आप अपने सपनों को नहीं जीते हैं, तो आप पश्चाताप करेंगे जब कोई और इसे लागू करता है, यह विलाप करते हुए कि यह विचार थोड़ी देर पहले मेरा था। मैं वहां हो सकता था; मैं बेहतर कर सकता था। ऐसे मामले में सिर्फ़ दुःख और अपराधबोध होगा, जो जीवन में आपके विकास के लिए उपयुक्त नहीं है।

एक विचार में एक दृष्टि होनी चाहिए

सपने में एक दृष्टि होनी चाहिए, क्योंकि जब आपके सिर में स्पष्ट अवधारणा के साथ एक विचार होता है, तो आप जानते हैं कि आपको कहां पहुंचना है, और आपका दिमाग उसी के अनुसार काम करेगा। दृष्टि सबसे महत्वपूर्ण है क्योंकि यही कारण है कि एक टीम जो आपके लिए काम करती है वह आपके पास आती है। जब आपके पास एक स्पष्ट तस्वीर होती है, तो सलाहकार या संरक्षक भी आपको उचित रूप से मार्गदर्शन कर सकते हैं। विचार की दृष्टि प्राप्त करने के लाभ कई हैं, लेकिन पहला और सबसे महत्वपूर्ण कारक यह है कि आप जानते हैं कि आपको कहां पहुंचना है। आपका मन उसी के अनुसार काम करता है और ज़रूरत के अनुसार इन्वेंट्री बनाता है, जो भविष्य के चरणों का मार्गदर्शन भी करेगा। जब आप दृष्टि में आते हैं, तो आप जानते हैं कि आपको क्या सीखना है, आपको क्या व्यवस्थित करना है, आपको क्या चुनना है और क्या खरीदना है, और आपको क्या उधार लेना है, अन्य चीजों के बीच, जो अंततः आपके सपनों को प्राप्त करने में आपकी सहायता करेगा। जब आपके पास दृष्टि होती है, तो आपकी टीम के सदस्य को एक स्पष्ट दिशा मिलती है कि उन्हें किस तरह से और कैसे किसी समस्या से निपटना है, ताकि आपका काम किसी को आवंटित किया जा सके और वे निर्णय लेने में सक्षम होंगे। विचारों को छोटे चरणों की समयरेखा में तोड़कर विचारों को दृष्टि में परिवर्तित किया जा सकता है। मसलन, जब आपने मैन्यूफैक्चरिंग यूनिट शुरू करने का फैसला किया है तो आप दो-तीन साल तक ट्रेडिंग कर सकते हैं। उसके बाद, आप एक छोटी इकाई की योजना बना सकते हैं और अगले कुछ वर्षों के लिए छोटी-मोटी चीजों पर पकड़ बना सकते हैं। एक बार जब आपको लगता है कि आपके पास अपने व्यवसाय के सभी पहलुओं पर पूरी पकड़ है, तो आप एक पूर्ण विनिर्माण इकाई के लिए जाने पर विचार कर सकते हैं। जब आप समयरेखा के अनुसार अपने विचार को निश्चित चरणों में तोड़ते हैं, तो आपकी टीम के सदस्य भी उसी के अनुसार प्रेरित होंगे।

सभी कौशल सीखने के लिए, पारस और सचिन विक्रेताओं, बाजार की कीमतों, विभिन्न गुणों, मौसमी मूल्य भिन्नता, उपलब्धता, परिवहन, कार्यप्रणाली, लागत, लाभ मार्जिन आदि के बारे में समझने के लिए थोक बाजार गए, ताकि विशेष रूप से उत्पाद के लिए कुछ नेटवर्क का निर्माण किया जा सके। फिर, सचिन ने चिंता न करने के लिए समझाया और उनके पास जो भी पैसा था, उससे विशिष्ट चावल संस्करण की छोटी ट्रेडिंग फर्म शुरू करें। पारस ने सुझाव पर सहमति व्यक्त की और अपने बजट पर किराए पर एक सस्ती दुकान ली।

अगले दिन, पारस उत्साह में बाजार गए, विभिन्न गुणों के साथ चावल खरीदने के लिए तैयार हुए। हालांकि, उन्हें खाली हाथ वापस आना पड़ा क्योंकि थोक बाजार ने उन्हें व्यवसाय करने के लिए बिक्री से इनकार कर दिया था क्योंकि उन्हें एक इकाई की ज़रूरत थी।

सारांश:

> विचारों को निष्पादित किया जाना चाहिए, ताकि बाद में, आपको अपने जीवन में पछतावा न हो। इसके लिए, अपने दिल के मूल से अपनी दृष्टि खोजें और निष्पादन शुरू करें।

> अगर अशिक्षित व्यवसाय शुरू कर सकता है, तो आप ऐसा क्यों नहीं सोच सकते?

> जोखिम मन में है। एक गणनात्मक जोखिम बनाएं और इसे निष्पादित करें क्योंकि, जीवन के हर कदम पर, एक जोखिम है; चाहे आप यात्रा करें, सोएं, खाएं, आदि, इसलिए कम से कम आपको अपने दिल के सपने को पूरा करने का जोखिम उठाना चाहिए।

- एक व्यवसाय का मालिक होना और आपके द्वारा बनाए गए उत्पाद के मालिक के रूप में जाना जाना हमेशा आपको गर्व और सफल बनाएगा।
- अपने उत्पादों के लिए जाने जाने वाले लोगों को हमेशा समुदाय का नेता बनाकर समाज की मदद करने के लिए अधिक प्रमुख चरणों में बुलाया जाता है, जो हमेशा उनके दिल में एक विशेष स्थान रखेगा; संतुष्टि बेजोड़ है।

गतिविधियां:

- अपने विचार को सूचीबद्ध करें और आस-पास के व्यवसाय की सटीक प्रकृति को देखें।
- व्यवसाय शुरू करने के लिए आवश्यक संसाधनों की एक सूची बनाएं।
- अपनी दृष्टि को उसके सबसे छोटे हिस्से में तोड़ दें जिसे जल्दी से निकाला जा सकता है।
- अपने परिवार के लिए एक बैकअप योजना का पता लगाएं जब तक कि आपका विचार धन उत्पन्न करना शुरू न कर दे।
- खरीद से लेकर बिक्री, संसाधनों से लेकर अंतिम उत्पाद आदि तक अपना बाजार सर्वेक्षण पूरा करें।

अध्याय 2-इकाई निर्माण

पारस को अपनी समस्या के बारे में कोई जानकारी नहीं थी और उन्होंने सचिन से पूछा कि एक व्यावसायिक इकाई क्या है। सचिन ने बताया कि एक व्यावसायिक इकाई एक या एक से अधिक प्राकृतिक व्यक्तियों द्वारा स्थापित एक संगठन है जो विशिष्ट व्यावसायिक गतिविधियों को सुविधाजनक बनाने या अपने मालिकों को एक व्यापार में संलग्न करने की अनुमति देता है। और इसे बेहतर ढंग से समझने के लिए, सचिन ने विभिन्न कारकों को समझाया।

संस्थाओं के प्रकार

विभिन्न प्रकार की संस्थाएं हैं। इसे शुरू करने से पहले एक इकाई की संरचना को समझा जाना चाहिए। इसके अलावा, यह ध्यान रखना बहुत ज़रूरी है कि प्रत्येक इकाई प्रकार के अपने गुण और दोष हैं। और इसके लिए, यह समझना बहुत ज़रूरी है कि किस तरह की इकाई आपके अनुरूप होगी। उदाहरण के लिए अगर आप व्यक्तिगत रूप से अपना व्यवसाय शुरू करने जा रहे हैं तो आप प्रोप्राइटरशिप चुन सकते हैं या अगर आप किसी साथी के साथ अपनी यात्रा को आगे बढ़ाने जा रहे हैं तो आपके पास एक साझेदारी फर्म या सीमित देयता भागीदारी हो सकती है। अगर आपके पास विभिन्न प्रकार के साझेदार या हितधारक हैं, तो आपके पास एक कंपनी हो सकती है। आपको चिंतित होने की ज़रूरत नहीं है कि जीवन भर के लिए इकाई का प्रकार नहीं बदला जा सकता। व्यवसाय के पैमाने के साथ, आप समय-समय पर अपनी इकाई का प्रकार बदल सकते हैं. लेकिन हमेशा प्रोपराइटरशिप के साथ शुरू करने की सिफारिश की जाती है, क्योंकि यह बहुत तेजी से और बहुत कम लागत पर बनाया जाता है। दूसरी ओर, प्रोपराइटरशिप की तुलना में

साझेदारी में अधिक समय लगता है। और यह भी, लागत थोड़ी अधिक है। कंपनी बनाते समय न सिर्फ कीमत बल्कि कंप्लायंस भी बढ़ जाता है। इसमें लागत और प्रलेखन शामिल है, जो व्यवसाय की शुरुआत के समय संभालना और समझना कठिन है। संक्षेप में, इकाई का प्रकार आपके काम के प्रतिनिधिमंडल के स्तर पर निर्भर करता है। फिर भी, आपके व्यवसाय की प्रकृति के साथ, भविष्य की चिंताओं से खुद को बचाने के लिए हमेशा एक सलाहकार से परामर्श करने का सुझाव दिया जाता है। क्या होगा अगर उचित प्रकार की इकाई का चयन नहीं किया गया है? फिर, थोड़ी देर के बाद इसकी लागत बहुत अधिक हो सकती है, और विवाद अधिक महत्वपूर्ण स्तर पर उत्पन्न हो सकते हैं। उदाहरण के लिए, अगर आप एक साथी के साथ एक व्यवसाय शुरू करते हैं और विश्वास और अन्य कारकों के आधार पर एक प्रोपराइटरशिप फर्म के लिए जाते हैं, तो इसका परिणाम बाद के चरण में साथी के साथ विवाद हो सकता है। आपकी इकाई या कानूनी संरचना कर दरों, देयता, कागजी कार्रवाई, पदानुक्रम, पंजीकरण, धन उगाहने आदि के बारे में निर्णय लेती है।

विभिन्न प्रकार की संस्थाओं को समझने पर, पारस ने सचिन से उन दस्तावेजों के बारे में पूछा जो उन्हें अपना व्यवसाय शुरू करने के लिए आवश्यक होंगे। इसके बाद सचिन ने उन्हें आसान दस्तावेजों और प्रमाणपत्रों के बारे में समझाया।

आसान दस्तावेज और प्रमाणपत्र पहचान बन जाते हैं

एक इकाई का गठन करते समय, हमें विभिन्न स्तरों पर सरकारी विभागों को भी सूचित करना चाहिए और आपके व्यवसाय पर लागू होने वाले अन्य प्रमाणपत्र और लाइसेंस प्राप्त करने चाहिए। कुछ लाइसेंस और प्रमाणपत्र सामान्य हैं, जबकि कुछ भूमि के कानून का पालन करने के लिए व्यवसाय की प्रकृति से अलग हैं। इसलिए, अपने दस्तावेजों को संभालकर रखना आवश्यक

है, जो बाद में आपके व्यवसाय की पहचान बन जाएगा। आमतौर पर जिस प्रकार के लाइसेंस की ज़रूरत होगी, वह एक पैन कार्ड है जिसे आयकर विभाग जारी करता है और इसकी कोई प्रासंगिकता नहीं है कि आपकी आय कर योग्य सीमा से अधिक या कम है या नहीं। सोल प्रोप्राइटरशिप के अलावा अन्य मामलों में, आपको अपनी कानूनी इकाई के लिए एक अलग पैन लागू करना होगा।

दूसरे, आपको उद्यम पंजीकरण या एमएसएमई प्रमाणन की ज़रूरत है, जो आपके व्यवसाय का पहचानकर्ता होगा। तीसरा, जब आप अपने व्यवसाय के आधार पर निर्दिष्ट टर्नओवर सीमा को पार कर लेते हैं, तो आपको जीएसटी पंजीकरण की ज़रूरत होगी, जो किसी व्यवसाय के पहचानकर्ता के रूप में भी काम करेगा। वर्तमान में, जीएसटी पंजीकरण मानदंड टर्नओवर पर आधारित है। कोई भी सेवा प्रदाता जो एक कैलेंडर वर्ष में 20 लाख से अधिक मूल्य की सेवाएं प्रदान करता है, उसे जीएसटी के लिए पंजीकरण करने की ज़रूरत होती है। विशेष श्रेणी के राज्यों में यह अधिकतम 10 लाख रुपये है। 40 लाख रुपये से अधिक के वार्षिक कारोबार वाले उत्पादों की विशेष आपूर्ति में शामिल किसी भी फर्म को अंतरराज्यीय वाणिज्य के मामले में जीएसटी के लिए पंजीकरण करने की ज़रूरत होती है। उनके कुल कारोबार के बावजूद, एक संगठन को जीएसटी के लिए पंजीकरण करना होगा अगर माल की आपूर्ति एक राज्य से दूसरे राज्य में की जाती है। अंतरराज्यीय सेवा कंपनियों को जीएसटी के लिए सिर्फ़ तभी पंजीकरण करना होगा जब उनकी वार्षिक बिक्री 20 लाख रुपये से अधिक हो। (विशेष श्रेणी के राज्यों में यह अधिकतम 10 लाख रुपये है)। इसके अलावा, जो कोई भी ई-कॉमर्स प्लेटफॉर्म के माध्यम से उत्पादों या सेवाओं को बेचता है, उसे भी भारत में जीएसटी के लिए पंजीकरण करना होगा, चाहे टर्नओवर कुछ भी हो। नतीजतन, फ्लिपकार्ट, अमेज़ॅन और अन्य ई-कॉमर्स प्लेटफार्मों पर विक्रेताओं को बिक्री शुरू करने से पहले पंजीकरण प्राप्त करना होगा।

चौथा, व्यवसाय की प्रकृति के आधार पर, आपको श्रम लाइसेंस, कारखाना लाइसेंस, प्रदूषण लाइसेंस, जल परीक्षण रिपोर्ट, मिट्टी परीक्षण रिपोर्ट, भूमि रूपांतरण, उद्योग लाइसेंस, बॉयलर लाइसेंस, और कई अन्य की ज़रूरत होगी, जो व्यवसाय की प्रकृति और वर्ग पर निर्भर करता है। हम वर्तमान युग में ऐसे लाइसेंस के लिए आवेदन कैसे कर सकते हैं? सभी लाइसेंस ज्यादातर ऑनलाइन होते हैं, लेकिन कुछ मामलों में, कानून के अनुसार अनुपालन को सत्यापित करने के लिए एक अधिकारी द्वारा दौरा आवश्यक है। उदाहरण के लिए, अगर आपने किसी कारखाने के लिए खाद्य लाइसेंस के लिए आवेदन किया है, तो एक अधिकारी अधिनियम के अनुसार भोजन को सुरक्षित रखने के लिए पालन किए गए नियमों के सत्यापन के लिए जाता है। सलाहकार विजिटिंग अधिकारी के समक्ष कानून के अनुपालन में भी मदद करते हैं ताकि लाइसेंस की खरीद का कार्य जल्दी से किया जा सके। विभिन्न असाइनमेंट के लिए अलग-अलग सलाहकार हैं। कुछ खाद्य लाइसेंस प्राप्त करने में विशेषज्ञ हो सकते हैं, और कुछ औद्योगिक लाइसेंस प्राप्त करने में बेहतर मदद कर सकते हैं। इसलिए, एक विशिष्ट लाइसेंस के लिए सलाहकार चुनते समय, कुछ पृष्ठभूमि की जांच की ज़रूरत हो सकती है। अगर सरकारी नियमों का पालन नहीं किया जाता है, तो संबंधित विभाग द्वारा दंडात्मक कार्रवाई का आदेश दिया जा सकता है, जैसे कि व्यवसाय का लॉकडाउन या वित्तीय दंड या लॉकअप। फिर, अधिनियमों और कानूनों के अनुसार किए गए गैर-अनुपालन के अनुसार मामला अलग हो सकता है।

सचिन ने तब निम्नलिखित उदाहरण दिया ताकि पारस इसे बेहतर ढंग से समझ सकें:

गौरव ने एक होटल की स्थापना की थी। अब रेस्तरां और पूरी तरह से चल रहा था। वह समय पर टैक्स दे रहा था, चाहे वह इनकम टैक्स हो या जीएसटी। हालांकि उन्होंने अनुपालन के पालन के बारे में जांच की थी और संतुष्ट थे,

लेकिन उन्होंने बहुत बड़ी गलती की थी। जब उन्हें प्रदूषण प्रमाण पत्र और इसके अनुपालन को प्रस्तुत करने का नोटिस मिला, तो वह हैरान रह गए क्योंकि वह इससे अनजान थे। उनकी राय थी कि सिर्फ़ बड़ी विनिर्माण इकाइयों को ऐसी चीजों की ज़रूरत होती है। अवलोकन करने पर, उन्होंने पाया कि उनका होटल प्रदूषण विभाग द्वारा बनाए गए कानून के विपरीत था। उन्हें तीन महीने के लिए अपना कारोबार बंद करना पड़ा और लाइसेंस हासिल करने के लिए जरूरी बदलाव करने पड़े। उन्होंने समझा कि व्यवसाय शुरू करने के लिए सिविल निर्माण और प्रबंधन अपर्याप्त थे। उन्हें इस तरह के व्यवसाय को शुरू करने के लिए विभिन्न विभागों से अनुमति की भी ज़रूरत थी, उदाहरण के लिए, खाद्य लाइसेंस, प्रदूषण लाइसेंस, व्यापार लाइसेंस, अग्नि सुरक्षा लाइसेंस, श्रम लाइसेंस, आदि, उनके मानदंड और क्षमता के आधार पर। इस तरह के लाइसेंस प्राप्त करने के बाद, वह अपना व्यवसाय शुरू करने में सक्षम था।

छोटे पैमाने पर शुरू करें

व्यवसाय को छोटे पैमाने पर शुरू किया जाना चाहिए, इसका कारण यह है कि व्यवसाय की शुरुआत में, आपको कानून, बाजार और प्रौद्योगिकी का अपर्याप्त ज्ञान है। जब आप छोटे से शुरू करना चुनते हैं, तो आप अनुभवों के साथ और बाजार में नए लोगों से मिलकर समय के साथ सीखते हैं। जब आप एक छोटी इकाई से शुरू करते हैं, तो इकाई बनाने की आपकी सभी लागतें, अनुपालन लागत, लाइसेंस की संख्या और अन्य प्रमाणपत्र कम होते हैं। उदाहरण के लिए, कोई व्यक्ति एक ट्रेडिंग शॉप खोल रहा है। उस स्थिति में, उसे फैक्ट्री लाइसेंस, प्रदूषण या बॉयलर लाइसेंस आदि की ज़रूरत नहीं हो सकती है। इसलिए, अवधि के दौरान, उत्पाद में काम करते समय, उद्यमी को स्थान की प्रकृति आदि के आधार पर उत्पाद की मांग के साथ उत्पाद को गहरे स्तर पर जानने का अवसर मिलता है। उन्हें कच्चे माल और अन्य संबंधित उत्पादों की आपूर्ति का भी उचित विचार मिलता है। इस प्रकार, बड़े पैमाने पर इकाई के लिए जाने से पहले, आप विभिन्न स्तरों पर उत्पाद के लागत

प्रभावी उपायों को जान पाएंगे। मन में हमेशा एक सवाल होता है कि कैसे शुरू किया जाए। संक्षिप्त और सरल उत्तर है, विचार को चार से विभाजित किया जाना चाहिए। इसी तरह, अगर आप 1 करोड़ रुपये की पूंजी के साथ व्यवसाय शुरू करना चाहते हैं, तो आप 25 लाख रुपये का निवेश करें और सोचें कि कैसे शुरू करें। एक अन्य विकल्प सीमित पूंजी के साथ अपने व्यवसाय का प्रबंधन करना है जैसा कि हमने पहले चर्चा की है।

जब आप मैन्युफैक्चरिंग यूनिट शुरू करने की सोच रहे हों तो आपको ट्रेडिंग से शुरुआत करनी चाहिए। अगर आप ट्रेडिंग शुरू करना चाहते हैं, तो आपको उत्पाद प्रशिक्षण के लिए जाना चाहिए ताकि इष्टतम आउटपुट मिल सके। इसी तरह, आइए वेब-आधारित अनुप्रयोगों का उदाहरण लेते हैं। अपने व्यवसाय को समान प्लेटफार्मों पर रखने के साथ शुरू करें। वहां से पर्याप्त अनुभव प्राप्त करने के बाद ही, एक अवधि में, इसे बाजार की मांग के अनुसार स्केल करें। हालांकि, अगर व्यवसाय बड़े पैमाने पर शुरू होता है, तो उत्पाद प्रौद्योगिकी और बाजार के ज्ञान की कमी के कारण आपका जोखिम कारक भी बढ़ जाएगा। उदाहरण के लिए, जूस बनाने के लिए आप स्थानीय स्तर पर कच्चा माल खरीद सकते हैं। इसी समय, अन्य भौगोलिक स्थानों में बहुत कम कीमत पर एक ही कच्चा माल हो सकता है। इससे आपकी बिक्री की लागत प्रभावित होगी और नुकसान होगा।

सचिन की सलाह पर पारस ने छोटे स्तर से शुरुआत की। वह थोक बाजार से चावल खरीदता था और दुकान में स्टॉक करता था। फिर उन्होंने विभिन्न ग्राहकों को उत्पादों को वितरित किया, साइकिल पर जाकर, उन्हें डोर-टू-डोर सेवा दी, और अपने नेटवर्क का विस्तार किया। कुछ समय के बाद, उनके भाई भी उनके व्यवसाय में शामिल हो गए, जिन्होंने उन्हें उत्पादों को घर-घर पहुंचाने में मदद की।

पंजीकरण कब करें

यह जानना भी आवश्यक है कि कब और क्यों पंजीकरण करना है, क्योंकि पूर्व पंजीकरण एक महंगा मामला है। उदाहरण के लिए, हो सकता है कि आप अभी तक जीएसटी प्रयोज्यता के दायरे में न हों। फिर भी, अगर आप जीएसटी के लिए आवेदन करते हैं, तो अनजाने में, आपको उत्पाद या सेवाओं की बिक्री पर जीएसटी का भुगतान करना होगा और इसकी अनुपालन लागत वहन करनी होगी। सेवाओं के मामले में, 20 लाख रुपये तक जीएसटी लागू नहीं है। फिर भी, गलती से, अगर आपने जीएसटी नंबर प्राप्त किया है, तो आपको ₹ 1 से जीएसटी का भुगतान करना होगा, जो आपकी लाभप्रदता को प्रभावित करेगा। जिन लाइसेंसों को प्राप्त करने की ज़रूरत है और जिन मानदंडों के लिए आपको इसे प्राप्त करना है, उन्हें याद रखा जाना चाहिए। इसी तरह, जीएसटी और अन्य लाइसेंस कई अन्य मानदंडों के अलावा टर्नओवर पर आधारित हैं।

उदाहरण के लिए, अगर आपके पास बॉयलर नहीं है, तो आपको बॉयलर लाइसेंस की ज़रूरत क्यों है? अगर आपका व्यवसाय सेवा से संबंधित है, तो आपके पास उद्योग लाइसेंस क्यों होगा? अगर आपकी इकाई में कर्मचारियों की संख्या ईएसआई और पीएफ के अनुसार तय मानदंडों से कम है, तो आप ऐसे लाइसेंस भी नहीं लेंगे। इसलिए, यह जानना बहुत ज़रूरी है कि किसी विशिष्ट लाइसेंस के लिए खुद को कब पंजीकृत करना है। यह सब पंजीकरण होने की समयरेखा और मानदंड बनाकर किया जा सकता है, जिसे आपको समय-समय पर निगरानी करने की ज़रूरत है। जब आप उस मानदंड को छूते हैं, तो आपको संबंधित लाइसेंस चुनना चाहिए। क्या होगा अगर आप इस चीज़ की निगरानी नहीं करते हैं? ऐसी स्थिति में व्यवसाय की निरंतरता प्रभावित हो सकती है, क्योंकि जब तथ्य यह सरकारी विभागों के संज्ञान में आता है तो अधिकारी आपके परिसर

को बंद कर सकते हैं या संबंधित कानूनों का पालन न करने के लिए कंपनी को दंडित किया जा सकता है. इसका ज्यादा से ज्यादा लाभ पाने के लिए, हमें विभिन्न सरकारी नियमों और विनियमों के साथ खुद को अपडेट करते रहना होगा। इसके साथ ही, कब-कौन से कानून उपयोगी हो सकते हैं इसकी संभावनाओं के बारे में जानने के लिए नियमित रूप से सलाहकार की मदद लेने की सिफारिश की जाती है।

सचिन ने पारस को सेल्स वैल्यू पर नजर रखने की सलाह दी। सेल्स वैल्यू में एक माइलस्टोन तक पहुंचने के बाद ही पारस को अपनी कंपनी का पंजीकरण करवाना पड़ा। यह काम योजना बनाकर करने की वजह से पारस को किसी तरह की कार्रवाई के अनुपालन पर आने वाली लागत को बचा पाने में मदद मिली। इसके अलावा सचिन ने उन्हें इस बारे में भी बताया:

1) MSME का अर्थ
2) सरकारी योजनाएं

सचिन ने पारस को समझाया कि वह सामान्य कानूनों और कार्रवाइयों पर बहुत ज्यादा ध्यान केंद्रित न करे. सिर्फ अपनी कंपनी के लिए जो कुछ भी प्रासंगिक है, उन चीजों बारे में खुद को अपडेट करें, क्योंकि इससे बहुत असर पड़ेगा।

MSME का अर्थ

वर्तमान में, सरकार ने कारोबार और निवेश के आधार पर उद्योगों को सूक्ष्म, लघु और मध्यम उद्यमों (एमएसएमई) को वर्गीकृत किया है। अगर टर्नओवर 5 करोड़ रुपये से कम है, तो आपको एक माइक्रो एंटरप्राइज के रूप में वर्गीकृत किया जाता है। अगर आपका टर्नओवर 50 करोड़ रुपये से कम है, तो आपको एक छोटे उद्यम के रूप में वर्गीकृत किया जाता है, और अगर आपका टर्न ओवर 250 करोड़ रुपये से कम है, तो आपको एक मध्यम उद्यम

के रूप में वर्गीकृत किया जाता है। इसके अलावा, आपको एक बड़े उद्यम के रूप में वर्गीकृत किया जाएगा। इसके अलावा, जहां तक निवेश का सवाल है, अगर आपका निवेश 1 करोड़ रुपये से कम है, तो आपको एक सूक्ष्म उद्यम के रूप में वर्गीकृत किया जाएगा; अगर आपका निवेश 10 करोड़ रुपये से कम है, तो आपको एक छोटे उद्यम के रूप में वर्गीकृत किया जाएगा, और अगर निवेश 50 करोड़ रुपये से अधिक है, तो आपको एक मध्यम उद्यम के रूप में वर्गीकृत किया जाएगा। इसके अलावा, आपको एक बड़े उद्यम के रूप में वर्गीकृत किया जाएगा।

एमएसएमई के तहत उद्यमों को मिलने वाले लाभ इस बात पर भी निर्भर करते हैं कि उद्यम सूक्ष्म, लघु या मध्यम श्रेणी के अंतर्गत आता है या नहीं। व्यवसाय के पैमाने के आधार पर, जब आप मानदंड निर्धारित करेंगे, तो आपको सरकार द्वारा निर्दिष्ट सब्सिडी योजनाओं का अधिकतम लाभ मिल सकेगा। हालांकि, अगर आप खुद को वर्गीकृत नहीं करते हैं, तो आप सरकार की योजनाओं तक नहीं पहुंच पाएंगे, और आपका मार्जिन मिटा दिया जाएगा। उदाहरण के लिए, अगर आपका प्रतियोगी ऐसी योजना का लाभ उठा रहा है लेकिन आप वह लाभ नहीं ले पा रहे हैं, तो उत्पाद की लागत अलग-अलग हो जाएगी, जो सीधे आपके लाभ मार्जिन को प्रभावित करेगी। मापदंड के आधार पर विभिन्न मंत्रालयों की अलग-अलग योजनाएं हैं। कुछ योजनाओं के उदाहरण हैं—सूक्ष्म, लघु और मध्यम उद्यम मंत्रालय में क्रेडिट गारंटी योजना, आईएसओ प्रमाणन प्रतिपूर्ति, बिल छूट योजनाएं आदि जैसी योजनाएं शामिल हैं। दूसरी ओर, श्रम और रोजगार मंत्रालय के पास अप्रेंटिसशिप प्रशिक्षण, कौशल विकास से जुड़ी पहल आदि हैं। सबसे अधिक इस्तेमाल की जाने वाली योजना वित्त मंत्रालय की योजना है. इसमें प्रधानमंत्री मुद्रा योजना और एमएसएमई मंत्रालय का प्रधानमंत्री रोजगार सृजन कार्यक्रम शामिल हैं।

सचिन ने पारस को एक और उदाहरण दिया, जो इस प्रकार था:

पूजा हमेशा प्लास्टिक स्क्रैप, वातावरण में कचरा फैलने और लैंडफिल जैसे गंभीर मुद्दों को लेकर चिंतित रहती थी। वह मन में लगातार इस समस्या को दूर करने के विभिन्न तरीकों के बारे में सोचती रहती थी। सामाजिक दायित्वों, चिंताओं के वजह से उसने यह इरादा कर लिया था कि वह इस तरह के प्लास्टिक स्क्रैप को रीसायकल करने के प्रोजेक्ट पर काम करेगी। अपनी इसी सोच के तहत उसने प्लास्टिक ग्रैन्यूल प्लांट स्थापित करने की योजना बनाई. वह फेंके गए प्लास्टिक को प्लांट में इकट्ठा करेगी, इसे प्लास्टिक ग्रैन्यूल में बदल देगी और इसे उद्योगों को बेच देगी। लेकिन फंड की कमी के कारण वह ऐसा नहीं कर पा रही थी। फिर अपनी इस योजना को हकीकत में बदलने के लिए विभिन्न तरीकों पर शोध करने के बाद, उसने बैंक की मदद ली और पीएमईजीपी ऋण के लिए आवेदन किया। इससे उसे अपना प्लांट स्थापित करने में मदद मिली। बाद में, वह परियोजना लागत का 25% की सब्सिडी भी प्राप्त करने में सफल हुई, जिससे उसे ऋण के बोझ को कम करने और परियोजना को कुशलता से मैनेज करने में मदद मिली। एमएसएमई लाभ योजनाओं के कारण, उसे धीरे-धीरे अन्य प्रतिद्वंद्वी उद्यमों की तुलना में सफलता मिली और उसने लाभ उठाया।

आपको सरकारी योजनाओं से अवगत होना चाहिए

आप सरकारी योजनाओं का अधिकतम लाभ तभी उठा सकते हैं जब आप योजनाओं को सूक्ष्मता से जानते हों। और इसी वजह से सरकार ने आपकी मदद के लिए कंसल्टेंट्स भी नियुक्त किए हैं। वे आपको एक सामान्य पोर्टल के माध्यम से विभिन्न अधिकारियों से अलग लाइसेंस प्राप्त करने में भी मदद करते हैं। कार्यालय सरकारी योजनाएं विभिन्न प्रकार के निवेशों और उनके अनुपात को भी परिभाषित करती हैं। इसके अलावा, वे लघु उद्योगों की स्थापना में भी मदद करते हैं। सरकारी योजनाओं ने आदर्श अनुपात और योजनाओं को परिभाषित किया है, जिसके आधार पर विभिन्न योजनाओं का लाभ उठाया जा सकता है।

उदाहरण के लिए, उनके पास विभिन्न मशीनरी के लिए विशिष्ट विक्रेता हैं। इसलिए, अगर कोई उद्यमी ऐसे विक्रेताओं से खरीदारी करता है, तो वह न सिर्फ़ विक्रेताओं के लिए बल्कि सरकारी प्रोत्साहन की योजना के माध्यम से सरकारी अधिकारियों के लिए भी उत्तरदायी है। वह सरकार से संबंधित काम भी खरीद सकता है। इसके लिए सरकार ने कई पोर्टल बनाए हैं। अधिकतर, सरकारी लाभ और योजनाओं को तीन मानदंडों में बांटा गया है।

पहला मानदंड केंद्र सरकार है जो विभिन्न योजनाएं बनाती है। सब्सिडी और लाभ केंद्र सरकार के अधिकारियों द्वारा प्रदान किए जाते हैं।

दूसरे नंबर पर राज्य सरकार की योजनाएं हैं. राज्य सरकारों के विभिन्न प्राधिकरणों द्वारा बनाई गई योजनाएं, राज्य की मांग और आपूर्ति और राज्य सरकार द्वारा प्रदान की जाने वाली सब्सिडी पर निर्भर करती है।

तीसरी ऐसी योजनाएं हैं जो स्थानीय अधिकारियों, नगर पालिका द्वारा राज्य के नियमों के तहत बनाई जाती हैं। यह योजनाएं निचले स्तर के विक्रेताओं को लाभ देने के लिए बनाई जाती हैं। आपके द्वारा शुरू की जा रही परियोजना के अनुसार आपको इन सभी पहलुओं को समझना होगा।

ज्यादातर केंद्र सरकार और राज्य सरकार की योजनाओं का लाभ लेने के लिए ऑनलाइन आवेदन किया जा सकता है। कोई सीधे आवेदन भी कर सकता है, जबकि इस काम के लिए सलाहकार की मदद भी ली जा सकती है। यह टीईवी (TEV) रिपोर्ट तैयार करने में मदद करता है। इन योजनाओं के लिए आवेदन करने में मध्यस्थ की जरूरत होती है, जबकि निचले स्तर की योजनाओं के लिए सीधे कार्यालय में आवेदन किया जा सकता है। अपनी शर्तों में भिन्नता की वजह से इन योजनाओं की प्रकृति अलग-अलग है। ये योजनाएं पूंजी सब्सिडी, ब्याज सब्सिडी से संबंधित हो सकती हैं, या कुछ में बिजली सब्सिडी भी हो सकती है। सरकारी सब्सिडियों को जानना महत्वपूर्ण है क्योंकि यह सीधे आपके उत्पाद की लागत को प्रभावित करती है। उदाहरण के लिए,

अगर सरकार बिजली पर सब्सिडी दे रही है, तो बिजली की लागत आपकी बिक्री की लागत में से घट जाएगी, जिसका परिणाम आपको सीधे लाभ के रूप में दिखेगा।

सचिन ने पारस को एक और तरह से समझाते हुए कॉन्सेप्ट को और बेहतर ढंग से समझाने के लिए नीचे दिया गया उदाहरण पेश किया:

गौरव राइस मिल खोलना चाहता था। इसके लिए उसने 20 करोड़ रुपये की परियोजना लागत वाली राइस मिल की स्थापना के बारे में सरकारी योजनाओं को लेकर खूब शोध किया। उसने केंद्र सरकार की एक पूंजी सब्सिडी योजना के लिए आवेदन किया जिसमें उसे 5 करोड़ रुपये की पूंजी सब्सिडी का लाभ मिला। उसने राज्य सरकार की उन योजनाओं के लिए भी आवेदन किया, जिनमें तीन साल के लिए बिजली सब्सिडी के साथ ही बैंक ऋण पर ब्याज सब्सिडी का लाभ मिला जो कि राजस्व प्रकृति के हैं। दोनों सब्सिडी के कारण, गौरव का व्यवसाय पहले दिन से ही लाभदायक हो गया। बाद में एमएसएमई प्रमाणन की मदद से उसे अपनी ब्याज दर कम करने में भी सफलता मिली। इसने उन्हें हमेशा अपने प्रतिद्वंद्रियों की तुलना में बहुत अधिक लाभ दिया।

इसलिए, जरूरी है कि बुनियादी कानूनों के बारे में जानना चाहिए

एक व्यवसायी के लिए बुनियादी कानूनों से अवगत होना अत्यंत महत्वपूर्ण है। अगर आप किसी सलाहकार या टीम के किसी साथी को आपको अपडेट करने की जिम्मेदारी के साथ रखते हैं, तो अगर वह आपको डेटा प्रदान नहीं करता है या किसी संशोधित नियमों का ध्यान नहीं रखता, या आधा—अधूरा डेटा देता है, तो अंततः आपके व्यवसाय को नुकसान ही होगा। इसके कारण और बहाने कई हो सकते हैं, लेकिन ऐसी परिस्थिति में आपके उद्यम को होने वाले नुकसान के लिए कुछ भी उचित नहीं ठहराया जा सकेगा। इसलिए, उद्यमी के लिए कानून का बुनियादी ज्ञान सबसे महत्वपूर्ण है। सबसे जरूरी बात है कि आपको आयकर से जुड़े नियमों को जानना चाहिए, क्योंकि आपके

कारोबार के लिए लागू स्लैब के आधार पर आप लाभ उठा सकते हैं। आपको यह समझने की जरूरत होती है कि किस श्रेणी की आय पर टैक्स लगाया जाएगा, कौन सी कटौती आपके लिए फायदेमंद होगी, और यह भी कि विभिन्न वर्गों के तहत व्यवसाय के लिए क्या छूट उपलब्ध है।

दूसरे, आपको अपने उत्पाद पर लागू होने वाले टैक्स रेट के बारे में बहुत गहराई से पता होना चाहिए। उदाहरण के लिए, अगर आपने गलत दर से जीएसटी लगाया है, तो अंतर दर राशि पर जुर्माना और ब्याज का भुगतान आपको करना पड़ेगा। इसी प्रकार आपको समय समय पर आवश्यक विभिन्न लाइसेंसों को भी जानना चाहिए। हालांकि आपको बहुत गहराई में जाकर समझने की जरूरत नहीं होती है, लेकिन मूल बातें आपको पता होनी चाहिए क्योंकि लाभ और हानि का वहन आपके व्यवसाय को ही करना होता है।

बुनियादी कानूनों के बारे में आप कैसे जानकारी प्राप्त कर सकते हैं? खैर, आप सलाहकारों के साथ चर्चा करके ही जान सकते हैं क्योंकि हर उत्पाद के व्यवसाय की प्रकृति में अंतर होता है। इसलिए, यह सभी के लिए सामान्य नहीं हो सकता। लिखित परामर्श करना हमेशा बेहतर होता है, क्योंकि बाद के चरण में यह कानूनी संपत्ति हो सकती है। वैकल्पिक रूप से, आप उसी स्तर पर दूसरे व्यवसायियों द्वारा पसंद की गई प्रवृत्ति का पालन करके भी बाजार से जुड़े बुनियादी कानूनों के बारे में जानकारी पा सकते हैं। अगर आप बुनियादी कानूनों को नहीं सीखते हैं, तो आप अपने व्यवसाय के लिए उचित निर्णय नहीं ले पाएंगे। विभिन्न स्तरों पर प्रभाव को जाने बिना, आप उत्पाद की कीमत की पहचान नहीं कर सकते। ऐसा इसलिए है क्योंकि उत्पाद की लागत की गणना नहीं की जा सकती है, कारखाने का लेआउट तय नहीं किया जा सकता है, और अनुपालन पूरा नहीं किया जा सकता है। यह चीज आपके व्यवसाय को प्रत्यक्ष या अप्रत्यक्ष रूप से, जल्दी या बाद में प्रभावित कर सकती है।

विभिन्न तरीकों को ठीक से समझने के बाद, पारस ने फैसला किया कि सबसे अच्छा तरीका प्रोपराइटरशिप के साथ शुरुआत करना है। सचिन की मदद से, उसने एमएसएमई प्रमाणपत्र और दुकान और स्थापना लाइसेंस प्राप्त किया। इन चीजों के साथ उसने अपने व्यापार नाम का नाम 'पारस चावल' रखा, जिसके बाद वह उसने कारोबार का बैंक खाता खोला। चंद दस्तावेजों के साथ वह नए सिरे से कारोबार शुरू करने में सफल रहा। उसे व्यवसाय की बारीकियों को समझना था, क्योंकि उसके लिए सबकुछ नया था। पारस ने यह भी समझ लिया कि जब तक टर्नओवर निर्धारित सीमा तक नहीं पहुंच जाता, तब तक उसे किसी भी जीएसटी पंजीकरण की जरूरत नहीं होगी। उसके समर्पण और ग्राहक सेवा के कारण उसका व्यवसाय समय के साथ फला-फूला। हालांकि, वह फिर से फंस गया जब एक होटल उद्योग ने लाइसेंस की कमी के कारण उससे चावल खरीदने से इनकार कर दिया। फिर, इस जटिलता को समझने के लिए, उसने सचिन के साथ इस पर चर्चा की।

सारांश:

> एक बार जब आपकी योजना को अंतिम रूप दिया जाता है, तो कम से कम एक इकाई बनाएं या अपने विचार को एक नाम दें जिसके बारे में आपने सपना देखा था।

> एक बड़ी इकाई से शुरुआत करना जरूरी नहीं है। छोटे कदम उठाकर शुरुआत करना और समय के साथ इसका विस्तार करना हमेशा उचित होता है। ताजमहल एक दिन में नहीं बनाया गया था; इसलिए, रातोंरात साम्राज्य बनाने का सपना मत देखो।

> हर विभाग में रजिस्ट्रेशन कराने के लिए हमेशा एक समय सीमा तय करें, क्योंकि जल्दी या देर से पंजीकरण कराने पर भारी खर्च हो सकता है।

- ➢ आपके व्यवसाय और उत्पाद पर कौन से लाइसेंस और टैक्स लागू होते हैं, इनके बारे में जरूर जानें ताकि जानकारी की कमी की वजह कोई दंड लगने से बचा जा सके।
- ➢ सरकार, उद्यमियों को विभिन्न योजनाओं के माध्यम से व्यवसाय करने के लिए प्रोत्साहित करती है। आपके कारोबार के लिए सबसे उपयुक्त योजनाओं का पता लगाएं और उसके लिए आवेदन करें। बाकी को छोड़ दें। और याद रखें कि ऐसे अनुदान या योजनाओं पर बहुत अधिक निर्भर न हों।

गतिविधियां:

- ➢ अपनी इकाई का नाम तय करें।
- ➢ इकाई के टाइप पर विचार करें जो आपके उद्यम के अनुकूल हो और जिसमें रखरखाव में कम हो।
- ➢ किसी सलाहकार से मिलें।
- ➢ एक इकाई का गठन करें।
- ➢ ज़रूरी लाइसेंस प्राप्त करें।
- ➢ जब आप फर्म स्थापित करते हैं और नेटवर्क बनाने पर ध्यान केंद्रित करते हैं तो एक छोटा व्यापारिक व्यवसाय शुरू करें।

अध्याय 3-टैक्स और लाइसेंस

पारस ने कुछ नाम रखने के लिए पैन, उद्योग, आधार कार्ड जैसे आवश्यक लाइसेंस प्राप्त किए थे।   लेकिन विभाग को रिटर्न कैसे देना है और किस लाइसेंस की जरूरत है, इस बारे में अभी तक स्पष्ट नहीं हो पाया है। इस बारे में ज्यादा जानकारी के लिए, उसने सचिन के साथ चर्चा की। सचिन ने उसे समझाया कि टैक्स लाइसेंस हासिल करना पर्याप्त नहीं है।   उसे अपने कारोबार पर लागू होने वाला लाइसेंस प्राप्त करने और यह समझने की भी जरूरत थी कि रिकॉर्ड कैसे बनाए रखा जाए और नियत तारीखों का पालन समय पर किया जाए। हालांकि, सचिन ने सोचा कि यह सबसे अच्छा होगा कि वह पहले कर प्रयोज्यता के बारे में बताएं, और फिर लाइसेंस प्राप्त करने के बारे में।

कर प्रयोज्यता और इसका प्रभाव

कर प्रयोज्यता (टैक्स एप्लिकेबिलिटी) के बारे में जानना बहुत ज़रूरी है क्योंकि यह सीधे उत्पाद लागत से संबंधित है।   आइए चावल बेचने का उदाहरण लेते हैं।   जब पैकेजिंग 25 किलो से कम होगी तो उस पर 5% की दर से टैक्स लगेगा।   लेकिन जब मात्रा 25 किलो से अधिक होगी, तो कर की दर शून्य होगी।   यहां, हम देख सकते हैं कि अंतिम कीमत में 5% का सीधा अंतर है। यह उत्पाद के संबंध में निर्णय लेने और इकाई को सीमांत लाभ को प्रभावित कर सकता है।

पारस को स्थिति समझाने के लिए सचिन ने निम्नलिखित उदाहरण दिया:
कृष्णा एक छोटे से गांव में रहता था, जहां लोगों की हर चीज़ तक पहुंच नहीं थी, क्योंकि यह एक अविकसित गांव था। इस स्थिति में कृष्ण ने एक अवसर देखा और व्यापार शुरू किया। मूल रूप से, उसने शहर से सामान खरीदा और उन्हें अपने गांव में बेच दिया। वह ज्यादातर अनाज की खरीद—बिक्री का काम कर रहा था। फिर एक बार, जब वह शहर से खाद्यान्न से भरा वाहन ला रहा था, तो उसके वाहन को जीएसटी अधिकारियों ने पकड़ लिया। सत्यापन करने पर पता चला कि उसका माल टैक्सेबल है, लेकिन उसने टैक्स नहीं चुकाया। नतीजतन, उसे दंड और अभियोजन का सामना करना पड़ा। अंततः, व्यवसाय को नुकसान उठाना पड़ा। इससे बाहर निकलने के लिए उसे काफी पैसा और समय भी खर्च करना पड़ा। इस प्रकार, करों के बारे में एक निश्चित स्तर तक ज्ञान होना बहुत ज़रूरी है।

कर प्रयोज्यता के बारे में जानकारी उत्पाद की लागत, उत्पाद की आपूर्ति, उत्पाद के परिवहन और अन्य कारकों को निर्धारित करने में मदद करती है। यदि किसी भी मामले में, कर प्रयोज्यता के बारे में जानकारी के बिना, अधिकतम खुदरा मूल्य निर्धारित किया जाता है, तो इससे नुकसान होगा। अब, आइए प्रत्यक्ष करों पर विचार करें, जो कि आयकर है। अगर कोई कंपनी बना रहा है तो उस पर 30% की दर से टैक्स लगेगा, जबकि अगर कोई प्रोपराइटरशिप के आधार पर बिजनेस कर रहा है तो उसे इनकम टैक्स एक्ट के अनुसार स्लैब रेट का फायदा मिलेगा। इसलिए, ऐसे कर नकद संचय के लिए भी फायदेमंद होते हैं। उदाहरण के लिए, अगर किसी प्राइवेट लिमिटेड ने 1000 रुपये का लाभ कमाया है, और उसे आयकर के रूप में 300 रुपये का भुगतान करना है, तो उसके पास सिर्फ़ 700 रुपये की नकदी रह जाएगी। जबकि प्रोपराइटरशिप वाले उद्यम को इसके लिए शून्य आयकर का भुगतान करना पड़ता है, और ₹1000 की नकदी उसके पास बनी रहती है। इससे यह

स्पष्ट होता है कि प्रोप्राइटरशिप के तहत, एक उद्यम को 300 का नकद लाभ मिलता है, जो व्यवसाय की तरलता को प्रभावित करेगा।

व्यवसाय शुरू करने से पहले और उत्पाद बेचने से पहले कर प्रयोज्यता के बारे में जान लेना चाहिए, क्योंकि अगर गलत कर लगाया जाता है, तो यह सीधे व्यवसाय को प्रभावित करेगा। कर प्रयोज्यता को जानने का सबसे अच्छा तरीका बाजार है और दूसरा स्रोत सलाहकार हैं। हमेशा लिखित कानूनी परामर्श लेने की सलाह दी जाती है ताकि आपकी कर संरचना की पहचान/गणना कैसे की गई है, यह बाद के चरण में जाना जा सके। अगर कर प्रयोज्यता के बारे में पता नहीं है, तो अचानक कर लगने से व्यवसाय की निरंतरता प्रभावित हो सकती है। जैसा कि हम जानते हैं, कुछ कर प्रत्यक्ष हैं और कुछ अप्रत्यक्ष हैं। अगर खपत के स्रोत द्वारा अप्रत्यक्ष कर एकत्र नहीं किया जाता है, तो इकाई को डिफ़ॉल्ट राशि का भुगतान करना होगा, जो बहुत बड़ा हो सकता है। उदाहरण के लिए, एक उत्पाद पर कर की दर 5% है, और गलती से, इनवॉइस पर यह शुल्क नहीं लगाया गया है। अब मान लीजिए कि कंपनी की कुल बिक्री 1 करोड़ रुपये थी, तो मूल्यांकन के समय, इकाई को अपने फंड से ब्याज और जुर्माना के साथ 5 लाख रुपये का भुगतान करना होगा।

विभिन्न प्रकार के कर

कराधान विभिन्न स्तरों पर होता है क्योंकि धन का उपयोग विभिन्न स्तरों पर किया जाता है। कुछ कर सीधे इसलिए लिए जाते हैं क्योंकि उनकी गणना करना और उनका भुगतान करना संभव होता है, जबकि कुछ कर अप्रत्यक्ष रूप से लिए जाते हैं क्योंकि उनकी गणना करना और उनका भुगतान करना संभव नहीं होता है। आपको उत्पाद उपलब्ध कराने के लिए कर एकत्र किया जाता है। मसलन, अगर सड़कें ही नहीं होंगी तो आप तक सामान कैसे पहुंचेगा? इसलिए इस तरह के टैक्स का उपयोग इंफ्रास्ट्रक्चर को विकसित

करने के लिए किया जाता है, ताकि उपभोक्ताओं को आसानी से उत्पाद उपलब्ध कराया जा सके।

आधिकारिक तौर पर, करों को दो भागों में विभाजित किया गया है - प्रत्यक्ष कर और अप्रत्यक्ष कर। जैसा कि नाम से पता चलता है, प्रत्यक्ष कर सीधे इकाई द्वारा एकत्र किए जाते हैं, जबकि अप्रत्यक्ष कर उपभोक्ताओं द्वारा एकत्र किए जाते हैं। प्रत्यक्ष कर में मुख्य रूप से आयकर शामिल है, और अप्रत्यक्ष कर में जीएसटी और अन्य स्थानीय कानून शामिल हैं। कुछ मामलों में, जीएसटी से पहले कर लगाए जाते हैं। अलग-अलग राज्यों में अलग-अलग कानून हैं, जो भ्रमित करने वाले और समझने में कठिन हो सकते हैं। विभिन्न कानूनों का पालन करना कठिन हो जाता है। लेकिन जीएसटी लागू होने के साथ ही सभी राज्य एक ही मंच पर हैं। कराधान थोड़ा आसान हो गया है, और इसका अनुपालन करने के लिए बहुत अधिक मशक्कत नहीं करनी होती है।

जीएसटी, उत्पाद और व्यवसाय की प्रकृति के आधार पर लगाया जाता है। कर की दरें उत्पादों और व्यवसाय की प्रकृति के साथ भिन्न होती हैं। इसलिए, कराधान पूरी तरह से आपके व्यापार ढांचे और उत्पादों पर निर्भर करता है, जो व्यवहार में होता है। यदि कराधान का पालन नहीं किया जाता है, तो इसका परिणाम इकाई को सीधे नुकसान होगा और ब्याज और जुर्माना भी लगाया जाएगा। इसके अलावा, कानून का पालन न करने के कारण व्यवसाय उच्च जोखिम में होगा।

कराधान से परे लाइसेंस

पारस का विचार था कि जब तक वह करों का भुगतान कर रहा है, तब तक उसे बाधाओं का सामना नहीं करना पड़ेगा। हालांकि, चूंकि होटल उद्योग ने उसके सामान को स्वीकार करने से इनकार कर दिया था, इसलिए उसे पता

था कि उसे इस पर स्पष्टता की ज़रूरत है। इसके लिए, उसने महसूस किया कि उसे लाइसेंस के बारे में ज्ञान प्राप्त करने और उसके महत्व को समझने की ज़रूरत है।

कर से परे लाइसेंस और प्रमाणन बहुत ज़रूरी हैं क्योंकि वे यह सुनिश्चित करते हैं कि किया गया व्यवसाय बड़े पैमाने पर समाज के लिए सुरक्षित है। ये लाइसेंस इस बात का ध्यान रखते हैं कि उत्पादों का उपयोग करने वाले उपभोक्ताओं को नैतिक रूप से खरीदा जाना चाहिए। इससे यह भी सुनिश्चित होता है कि व्यावसायिक नैतिकता का पालन किया जाए ताकि यह समाज के लिए सुरक्षित हो. कराधान से परे लाइसेंस, उत्पाद और व्यवसाय की प्रकृति पर निर्भर करते हैं। उदाहरण के लिए, खाद्य लाइसेंस के मामले में यह सुनिश्चित करता है कि उपभोक्ता को दिया गया भोजन उपभोग के लिए सुरक्षित है। यह सत्यापित करता है कि व्यवसाय इकाई द्वारा उचित स्वच्छता और उचित कच्चे माल/सामग्री का उपयोग किया गया है या नहीं। इसी तरह, औद्योगिक लाइसेंस यह जांचता है कि परिसर में उचित कार्य नैतिकता बनाए रखी गई है या नहीं। उदाहरण के लिए, कर्मचारियों के शौचालय साफ-सुथरे होने चाहिए, बाल श्रम की अनुमति नहीं दी जानी चाहिए, महिलाओं की सुरक्षा का ध्यान रखा जाना चाहिए, इसके अलावा इस तरह की दूसरी चीजों का भी ध्यान रखना जाना चाहिए। इसी तरह, प्रदूषण लाइसेंस यह सुनिश्चित करता है कि उद्योग द्वारा कोई हानिकारक गैस या रसायन वातावरण में नहीं छोड़ा जाता है, क्योंकि वे आसपास के इलाके, वनस्पतियों और जीवों, जल संचयन आदि को नुकसान पहुंचा सकते हैं। एक अन्य उदाहरण बॉयलर लाइसेंस है, जो यह सुनिश्चित करता है कि बॉयलर विस्फोट का कोई खतरा नहीं है, क्योंकि ऐसा कोई खतरा होने पर यह अंदर काम करने वाले मजदूरों के जीवन को प्रभावित कर सकता है। कई श्रम कानून हैं जो कार्यस्थल पर मजदूरों की सुरक्षा का पता लगाते हैं।

ये लाइसेंस संबंधित लाइसेंस अधिकारियों से प्राप्त किए जाते हैं। ये लाइसेंस मुख्य रूप से नामित अधिकारी के भौतिक सत्यापन के साथ प्राप्त किए जाते हैं, जिनकी भूमिका यह सुनिश्चित करना है कि कानूनों का अनुपालन

व्यावसायिक संस्थाओं द्वारा किया जाता है। उन्हें यह भी अधिकार है कि वे समय-समय पर व्यावसायिक परिसरों का निरीक्षण करें ताकि यह सुनिश्चित किया जा सके कि नियमों और विनियमों का कुछ समय तक पालन किया गया हो। और इसका पालन किया जाना चाहिए क्योंकि यह कार्य परिसर के अंदर व्यक्तियों की सुरक्षा सुनिश्चित करता है। अगर ये लाइसेंस प्राप्त नहीं किए जाते हैं, तो व्यावसायिक इकाई द्वारा किए गए सुरक्षा उपायों को सही ठहराना कठिन होगा। इसके अलावा, यह कानून का गैर-अनुपालन माना जाएगा। इसके चलते व्यापार की निरंतरता प्रभावित हो सकती है। मनुष्य की सुरक्षा के बिना कोई भी व्यवसाय अस्तित्व में नहीं रह सकता या विकसित नहीं हो सकता है।

अपने स्पष्टीकरण का समर्थन करने के लिए, सचिन ने पारस को निम्नलिखित उदाहरण दिया:

रोहन एक व्यवसायी है, जिसने प्लास्टिक सामग्री से जुड़ी कम पैमाने वाली एक विनिर्माण इकाई की स्थापना की थी। लेकिन उसे हमेशा यह चिंता रहती थी कि अगर इकाई में कोई भी दुर्घटना घटी तो उसके लिए यह एक बड़ी मुसीबत में होगी। फिर एक दिन, विनिर्माण बेल्ट पर काम करते समय एक कर्मचारी ने अपना हाथ घायल कर लिया। कर्मचारी की चोट ने रोहन की चिंता दस गुना बढ़ा दी। दुर्भाग्य से, उसे वित्तीय और प्रक्रियात्मक दंड सहित विभिन्न विभागों से दंड का सामना करना पड़ा। भविष्य में किसी भी परेशानी से बचने के लिए, उसने उद्योग से जुड़ी सर्वोत्तम प्रथाओं का पालन करना शुरू कर दिया। उसने कर्मचारियों की संरक्षा और सुरक्षा के लिए बनाए जाने वाले कानून और कार्रवाई पर अमल किया और उनका पूरी तरह पालन किया। कानून के अनुसार ऐसे ज़रूरी लाइसेंस प्राप्त करने और आवश्यक बदलाव करने से उन्हें अपने व्यापार भागीदारों की सुरक्षा के प्रति अधिक आत्मविश्वास पैदा हुआ। नतीजतन, वह इस प्रक्रिया पर भरोसा करते हुए, पूरी शांति और ज़्यादा आत्मविश्वास के साथ व्यवसाय करने में सक्षम था।

नियत तारीखों का हमेशा ध्यान रखें

पारस ने सोचा कि सभी अनुपालन सिर्फ़ वर्ष के अंत में करने की ज़रूरत होती है। जब उसने सचिन से इस बात का उल्लेख किया तो यह दूसरी बार था जब उन्होंने कारोबार से जुड़ी विभिन्न पूर्वनिर्धारित तारीखों के महत्व के बारे में समझाया, ताकि अलग-अलग तरह के दंड से बचा जा सके। सचिन ने यह भी स्पष्ट किया कि अगर पारस नई तकनीक से अनुकूल नहीं होते और व्यक्तिगत रूप से यह सब करने के बारे में सोचता है, तो उसका अधिकांश समय ऐसी चीजों को करने में खत्म हो जाएगा। सबसे अच्छा तरीका इन चीजों को ऑनलाइन करने का है, क्योंकि ऑनलाइन करने में समय कम लगता है। सचिन ने दस्तावेज की प्रतियों के महत्व के बारे में भी समझाया। उन्होंने उन दस्तावेजों पर नजर रखने के बारे में जोर दिया जिन्हें विभाग में सबमिट किया गया है, ताकि यह याद रहे कि विभाग को क्या जानकारी प्रस्तुत की गई है।

पहले से तय तारीख कभी भी न भूलना यह दिखाता है कि कोई व्यवसाय समय-सीमा के प्रति कितना पाबंद है। यह सरकारी अधिकारियों के सामने एक बेहतर छवि बनाता है। समय—सीमा का पालन करने से विभागों द्वारा सर्वेक्षण या निरीक्षण की संभावना कम होती है, क्योंकि इससे अधिकारी को रिकॉर्ड के रखरखाव और कानूनों तथा कार्रवाइयों का पालन करने के बारे में एक अच्छा संदेश जाता है। यह सुनिश्चित करने के लिए कि आप कभी भी नियत तारीख को नहीं भूलते हैं, आपको उन सभी कानूनों और कार्रवाइयों के लिए लागू होने वाली नियत तारीख के बारे में जानना चाहिए जो आपके व्यावसाय पर लागू होती हैं। दूसरे, आप नियत तारीखों का पालन करने के लिए टीम के किसी साथी या सलाहकार को जिम्मेदार दे सकते हैं। और तीसरा, प्रमोटर को खुद भी ध्यान रखना होगा और तारीखों का पालन करना होगा ताकि नियत तारीखें कभी न चूकें, क्योंकि अंततः व्यवसाय को नुकसान का सामना करना पड़ेगा। नियत तारीख को कभी न भूलने का सबसे अच्छा तरीका रिमाइंडर चार्ट टाइमलाइन तैयार करना है। इससे यह हमेशा सामने रहता है कि महीने में कौन सा रिटर्न कब दाखिल करना है। आपकी टीम के सदस्य को इस बारे यह स्पष्ट संदेश दिया जाना चाहिए कि कोई नियत तारीख भूलनी नहीं चाहिए। अगर नियत तारीख छूट गई है, तो सबसे पहले आपको

जुर्माना भरना होगा। इसके परिणामस्वरूप जुर्माने के साथ ही ब्याज भी हो सकता है। वैसे भी, यह व्यवसाय को ही वहन करना होगा। अगर नियत तारीखें भूल जाती हैं, तो आयकर के तहत कुछ खर्चों की भी अनुमति नहीं है, जिसके परिणामस्वरूप उच्च आयकर का भुगतान करना पड़ सकता है। संक्षेप में, अगर कोई रिटर्न समय पर दायर नहीं किया जाता है, तो विभाग ब्याज, जुर्माना और लेट फीस, तीन जुर्माने वसूलता है, जो व्यवसाय को प्रभावित कर सकता है।

ऑनलाइन लाइसेंस और फाइलिंग

ऑनलाइन लाइसेंस और फाइलिंग इसलिए करनी चाहिए क्योंकि ये आसान और तेजी से हो जाते हैं। इन्हें फाइल करने के तुरंत बाद ही आपको रसीद मिल जाती है। इसके अलावा, अब यह सरकार की जिम्मेदारी है कि वह एक निश्चित समय अवधि के भीतर उत्तर दे। ऑनलाइन लाइसेंसिंग और फाइलिंग के लिए, ज़रूरी दस्तावेजों की व्यवस्था समय से कर लेनी चाहिए और फाइलिंग के लिए डेटा भी तैयार करना चाहिए। यह डेटा रिटर्न के प्रारूपों और उसमें मांगी गई जानकारी के प्रकार को समझकर तैयार किया जा सकता है। आवश्यक दस्तावेजों और डेटा एकत्र करने के बाद, उचित प्रक्रिया को समझने और उसका पालन करने की ज़रूरत होती है। इसी तरह, कुछ मामलों में ऑनलाइन मोड के माध्यम से फाइलिंग करने के बाद, विभाग को भौतिक रूप से या ईमेल के माध्यम से सूचित करने की ज़रूरत होती है। इसलिए, इस प्रक्रिया के बारे में बारीकी से जानना बहुत ज़रूरी है। आप अपने आप से ऑनलाइन लाइसेंस प्राप्त कर सकते हैं। लेकिन अगर आपके पास पूरी जानकारी नहीं है, या आपके पास गहराई से जानने का समय नहीं है, तो आपको एक सलाहकार की मदद लेनी चाहिए। सलाहकार आपको लाइसेंस प्राप्त करने और विभिन्न अंतराल पर उसके लिए फाइलिंग करने में आपकी मदद कर सकता है। अगर ऑनलाइन लाइसेंस और फाइलिंग नहीं की जाती है, तो इसकी जिम्मेदारी इकाई पर होगी। यह स्पष्ट करना होगा कि फाइलिंग पहले से तय तारीखों पर मैन्युअल मोड में की गई है। यह सिर्फ़ विभाग से

प्राप्त रसीदों की मदद से किया जा सकता है, जो कि अपने-आप में एक कठिन काम है।

रिटर्न और ऑफिस की कॉपी

रिटर्न की कॉपी को हमेशा रिकॉर्ड में रखने की जरूरत होती है क्योंकि विभिन्न स्तरों पर इसकी ज़रूरत पड़ेगी। एक तरफ जहां इसे समय-समय पर ज़रूरत पर फाइल करना होता है, वहीं रिटर्न फाइल करने के बाद के आंकड़े, अंतिम आंकड़े होंगे, जिन्हें बाद में बदला नहीं जा सकता। इसलिए रिटर्न की कॉपी ऑफिस में रखनी चाहिए। इसका आकलन निरीक्षण प्राधिकरण द्वारा भी किया जा सकता है, इसलिए ऐसे रिटर्न की गणना को हमेशा उपलब्ध बनाए रखा जाना चाहिए।

कार्यालय में रखे जाने वाले रिटर्न और प्रमाणन को दो भागों में अलग किया जा सकता है, जैसे कि एक स्थायी फ़ाइल और एक नियमित फ़ाइल। स्थायी फ़ाइल में स्थायी लाइसेंस हों जिनकी नियमित अंतराल पर उपलब्धता ज़रूरी नहीं है। इन दस्तावेजों में पैन, टैन, एमओए, एओए, जीएसटी पंजीकरण, कारखाना लाइसेंस, श्रम लाइसेंस, व्यापार लाइसेंस आदि शामिल हैं। इनमें दूसरे दस्तावेज भी हो सकते हैं। अस्थायी फ़ाइल या एक नियमित फ़ाइल में मासिक रिटर्न, त्रैमासिक रिटर्न और वार्षिक रिटर्न की प्रतियां रखी जा सकती हैं। यह इसे आसानी से सुलभ बना देगा, क्योंकि टीम के सदस्यों और निरीक्षण अधिकारियों द्वारा नियमित अंतराल पर इसकी आवश्यकता होती है। इस तरह के रिटर्न और प्रमाणन को हार्ड और सॉफ्ट कॉपी दोनों मोड में रखा जाना चाहिए, क्योंकि कानूनों और अधिनियमों में ऑनलाइन मोड में ऐसे रिकॉर्ड सुरक्षित रखने का कोई प्रावधान नहीं है। और अगर इसे आनलाइन रखा जाता है तो विभाग के अधिकारियों द्वारा निरीक्षण के समय वे सिस्टम से डेटा उत्पन्न करने की अनुमति देंगे क्योंकि कानूनों के अनुसार, प्रतियां रजिस्टर होती हैं और प्रतियों में रखे जाने का सिस्टम ब्रेक डाउन नहीं होता है।

करों के बारे में कितना सीखना है

सचिन से इतने सारे नियमों और विनियमों के बारे में सुनने के बाद, पारस कुछ-कुछ हताश महसूस करने लगा। पारस ने कहा कि अशिक्षित होने के नाते उसके लिए यह बिना सोचे—विचारे बोर्ड परीक्षा में बैठने जैसा था क्योंकि उसे पता ही नहीं कि कौन से कानून और कार्रवाइयां की जाती हैं। यह सुनकर सचिन ठहाके लगाकर हंसने लगे। सचिन ने मुस्करा कर उसकी पीठ पर थपथपाई और उसे ढांढस बंधाते हुए समझाया कि तुम्हें यह सब सीखने की जरूरत नहीं है। सिर्फ़ उसी जानकारी पर गौर करो जो तुम्हारे व्यवसाय के लिए जरूरी है। बाकी समय तुम्हें सब सिखा देगा। यह सुनकर पारस को थोड़ी राहत मिली और अब वह सचिन के विचारों को जानने-समझने के लिए उत्सुक था। सचिन ने उसे बहुत ही सरल तरीके से समझाया।

एक उद्यमी को खुद को कानूनों और कर प्रणाली के बारे में सीखने तक सीमित नहीं होना चाहिए। जैसा कि हम जानते हैं, मासिक रिटर्न, त्रैमासिक रिटर्न और वार्षिक रिटर्न हैं। अब, अगर कोई उद्यमी इस तरह के रिटर्न में व्स्त हो जाएगा, तो वह व्यवसाय कब करेगा? कराधान व्यापार का एक हिस्सा है, लेकिन व्यापार के बिना, कराधान का कोई फायदा नहीं है। यह समझना बहुत ज़रूरी है कि क्या लागू है, खासकर आपके व्यवसाय के लिए। एक उद्यमी के रूप में, आपको पूर्ण ज्ञान होने की ज़रूरत नहीं है, क्योंकि सामान्य तौर पर, कानूनों और कार्रवाइयों का एक बड़ा आधार होता है क्योंकि वे कई व्यवसायों को कवर करते हैं। इसलिए, जो जानकारी आपके व्यवसाय के लिए काम की है, उसे ही जानना जरूरी है।

कारोबारी खुद पर लागू होने वाले कुछ बुनियादी करों के बारे में समझ सकते हैं, जिनमें उन पर लागू आयकर स्लैब, उनके उत्पादों और लाइसेंसों पर लागू जीएसटी दरें आदि शामिल हैं। बाकी सभी को आउटसोर्स किया जाना चाहिए, ताकि एक उद्यमी व्यवसाय पर ध्यान केंद्रित कर सके, अनुपालन पर नहीं।

ऐसा इसलिए है क्योंकि अनुपालन में बहुत सारी जटिलताएं, औपचारिकताएं, डेटा विश्लेषण और तकनीकी मुद्दे शामिल होते हैं। यह सब सीखने में समय लगता है, इसलिए इन कार्यों को आउटसोर्स करना बेहतर है।

करों के बारे में सीखने का सबसे अच्छा तरीका बाजार के रुझानों का अवलोकन करना है जो आपको एक समान व्यवसाय करने वाले उद्यमी के माध्यम से पता चलता है। वह उद्यमी क्या लागू कर रहा है, इसे देखकर आप खुद को अपडेट कर सकते हैं। अधिक स्पष्टता के लिए, आप अपने सलाहकार से इसकी पुष्टि कर सकते हैं। अगर आपको कर दरों के बारे में स्पष्टता नहीं है, तो आप ऐडवांस रूलिंग के माध्यम से सरकार से भी परामर्श कर सकते हैं। लेकिन एक बार जब सरकार फैसला दे देती है, तो इसे चुनौती नहीं दी जा सकती है। यह समझना बहुत ज़रूरी है कि अगर आप बुनियादी करों और कानूनों को नहीं सीखते हैं, तो योजना प्रभावी नहीं हो सकती है, लागत की पहचान नहीं की जा सकती है, और आप हमेशा सरकारी अधिकारियों से डरेंगे।

पारस को अब समझ मे या गया था कि फूड लाइसेंस की कमी की वजह से उसकी प्रगति धीमी हो गई थी। फिर, उसी दिन, एक सलाहकार से मिलने के बाद, उसने कानूनों के अनुसार अनुपालन करके फूड लाइसेंस के लिए आवेदन किया। जैसे ही उसने आवश्यक लाइसेंस प्राप्त किया, वह अपने चावल को होटल उद्योगों को बेचने में सक्षम हो गया। हालांकि, उन सारी प्रक्रियाओं को पूरा करने में उसे एक साल का पूरा समय लग गया। अब, वह टैक्स रिटर्न के बारे में चिंतित था जिसे उसे फाइल करना था। इसलिए, वह एक सलाहकार से मिला, जिसने उसे आयकर के बारे में समझाया।

सारांश:

- ➤ अपने व्यवसाय के लिए कर प्रयोज्यता और व्यवसाय पर इसके प्रभाव को जानना हमेशा महत्वपूर्ण होता है।
- ➤ प्रत्यक्ष कर, व्यवसाय के नकदी प्रवाह को प्रभावित करता है क्योंकि इसका भुगतान सीधे व्यवसाय द्वारा किया जाता है, जबकि अप्रत्यक्ष कर उपभोक्ताओं से एकत्र किए जाते हैं और सरकारों को जमा किए जाते हैं।
- ➤ विलंब शुल्क, दंड और ब्याज से बचाने के लिए प्रत्येक अधिनियम की देय तिथियों का पालन किया जाना चाहिए। नियत तारीख को भूलने का मतलब है कि एक साथ इन तीन तरह के दंड से मारा जाना।
- ➤ इन दंड की तुलना में अनुपालन लागत बहुत कम होती है, तो बेहतर है कि उसे ध्यान में रखा जाए।
- ➤ रिटर्न, लाइसेंस और महत्वपूर्ण दस्तावेजों का एक अलग सेट स्थायी फ़ाइल और वर्तमान फ़ाइल में अलग करके पंजीकृत कार्यालय में रखा जाना चाहिए।

गतिविधियां:

- ➤ उन करों को समझें जो आपके व्यवसाय पर लागू होंगे।
- ➤ लाइसेंस को समझें और व्यवसाय शुरू करते समय लागू होने वाले लाइसेंस हासिल करें।
- ➤ समान व्यवसाय करने वाले उद्यमियों के साथ चर्चा करें और जानें कि उन्होंने कौन से लाइसेंस लिए हैं। फिर उनका अनुपालन करने और उन्हें प्राप्त करने के तरीकों के बारे में समझें।
- ➤ अपने मोबाइल डिवाइस में अपने साथ महत्वपूर्ण दस्तावेजों की एक प्रति रखें ताकि ज़रूरत पड़ने पर उस जानकारी तक पहुंचा जा सके।

<u>अध्याय 4-आयकर की मूल बातें</u>

"दुनिया में समझने के लिए सबसे मुश्किल काम आयकर है। " –

अल्बर्ट आइंस्टीन

पारस ने कंसल्टेंट से संपर्क किया तो उन्होंने इनकम टैक्स फाइल करने के महत्व और रिटर्न फाइल करने की अनिवार्यता के बारे में बताया। हालांकि पारस योग्य मानदंडों में नहीं था क्योंकि उसकी आय, कर योग्य सीमा से कम थी। उसने अपना आयकर रिटर्न भरा क्योंकि उसकी बड़ी योजनाएं थीं। वह बैंक ऋण प्राप्त करना चाहता था, इसलिए ये रिटर्न भविष्य में मददगार होंगे। हालांकि, उसने सलाहकार से पूछताछ की जिसने उसकी मदद की और साथ में, दोनों ने आयकर की योजना बनाई।

आयकर में बेहतर योजनाएं

आयकर में विभिन्न तरह की योजनाएं हैं जो लोगों, लोगों की भौगोलिक स्थिति, लोगों की आदतें आदि के साथ भिन्न हो सकती हैं। ये नकदी के प्रवाह को प्रभावित करते हैं। सरकार बजट, अधिसूचनाओं और परिपत्रों के माध्यम से कराधान स्लैब और छूट को बदलती रहती है। इसलिए, किसी को सटीक प्रतिशत में जाने के बजाय मूल बातें समझने की जरूरत होती है, क्योंकि यह साल-दर-साल के आधार पर बदल जाएगा।

आयकर ने इकाई के प्रकार के अनुसार कर दरों को अलग कर दिया है। प्रोप्राइटरशिप के लिए, यानी किसी व्यक्ति के मामले में, उस पर स्लैब दरों और कटौती के आधार पर कर लगाया जाता है, जिसमें बीमा, आवास ऋण आदि शामिल हो सकते हैं, जबकि अन्य व्यावसायिक संस्थाओं जैसे पार्टनरशिप, प्राइवेट लिमिटेड, लिमिटेड लायबिलिटी पार्टनरशिप, पब्लिक लिमिटेड कंपनी के लिए एक निश्चित दर होती है, यानी सकल कुल आय पर एक निश्चित दर पर कर लगाया जाता है।

विभिन्न कटौती और छूट का उपयोग करते हुए और इकाई प्रकार का चयन करते हुए आने वाले वर्षों में अधिकतम लाभ प्राप्त करने के लिए भविष्य के अनुमानों के साथ वर्ष-दर-वर्ष आधार पर कर योजना बनाई जानी है। इसके अनुसार, निवेश या कार्रवाई की जानी चाहिए और की जा सकती है। उदाहरण के लिए, पीपीएफ में निवेश जैसे कुछ खर्चों और निवेशों के लिए आयकर की धारा 80 सी के तहत कटौती का प्रावधान है। अगर आपकी सकल कुल आय 8 लाख रुपये है और आपने पीपीएफ में 1.50 लाख रुपये का निवेश किया है, तो सिर्फ़ 6.50 लाख रुपये पर आपसे कर लिया जाएगा। इसलिए, आपने वर्ष में 1.50 लाख के निवेश की योजना बनाई। आप ऑनलाइन उपलब्ध विभिन्न उपकरणों के माध्यम से अपने करों की अग्रिम योजना बना सकते हैं और आधिकारिक तौर पर आयकर वेबसाइट पर प्रदान किए गए विभिन्न कर कैलकुलेटर का भी उपयोग कर सकते हैं। अगर आप इसमें कठिनाइयों का सामना कर रहे हैं, तो इसके लिए आप आयकर सलाहकारों की सलाह ले सकते हैं। अगर टैक्स कि प्लानिंग अच्छी तरह से नहीं की जाती है, तो आपको उच्च करों का भुगतान करना पड़ सकता है, जो नकद तरलता को प्रभावित करेगा और कर के बाद आपके व्यवसाय के मुनाफे को भी प्रभावित कर सकता है।

आयकर देय तिथियां

पारस घबरा गया था, वह कुछ महत्वपूर्ण नियत तारीख को याद करने और फिर जुर्माना देने को लेकर सावधान था। इसलिए, वह अक्सर अपने सलाहकार को नियत तारीख के बारे में जांच करने के लिए कॉल करता था, और यह सुनिश्चित करता था कि आयकर फाइलिंग करने से पहले उसके पास सभी तथ्य मौजूद थे। आश्वस्त नहीं होने के नाते, वह रिटर्न दाखिल करने के लिए, बार-बार अपने कंसल्टेंट के पास जाता था। इससे कंसल्टेंट के काम में बाधा आ रही थी। हालांकि, उन्होंने पारस की दुविधा को समझा और उन्हें इस अवधारणा को विस्तार से समझाया।

वित्तीय वर्ष 1 अप्रैल से 31 मार्च तक रहता है। यह वह समय अवधि है जिसमें किसी व्यक्ति की वार्षिक आय की गणना की जाती है। इनकम टैक्स में असेसमेंट ईयर जानने के लिए पिछले साल के बारे में भी जानना जरूरी है। आयकर में पिछला वर्ष चालू वर्ष से पहले का वर्ष होता है। उदाहरण के लिए, अगर आप वित्तीय वर्ष 2021-22 (1 अप्रैल 2021 से 31 मार्च 2022) की अवधि 2022-23 (1 अप्रैल 2022 से 31 मार्च 2023) के लिए आयकर रिटर्न दाखिल कर रहे हैं, तो यहां, मूल्यांकन वर्ष 2022-2023 होगा, और पिछला वर्ष 2021-22 होगा।

नियमित अंतराल पर सरकार द्वारा आवश्यक डेटा एकत्र करने और स्व-मूल्यांकन के आधार पर भुगतान किए गए करों को सत्यापित करने के लिए समयबद्ध विभिन्न रिटर्न के लिए आयकर देय तिथियां निर्धारित की गई हैं। सामान्य तौर पर, गैर ऑडिट मामले के तहत आयकर देय तिथि निर्धारण वर्ष की 31 जुलाई है, और ऑडिट मामले के मामले में, नियत तारीख निर्धारण वर्ष की 31 अक्टूबर है, जबकि ऑडिट देय तिथि निर्धारण वर्ष की 30 सितंबर है। हालाँकि, अलग—अलग तरह की इकाइयों की तिथियां भिन्न हो सकती हैं और बजट, अधिसूचनाओं, परिपत्रों, प्रेस विज्ञप्ति आदि के माध्यम से देश के आर्थिक वातावरण के आधार पर नियत तिथियां भी बदली जाती हैं। वर्तमान में आयकर रिटर्न सौ प्रतिशत ऑनलाइन मोड पर दाखिल किया जा सकता है। अलग-अलग श्रेणियों के लिए विशिष्ट फॉर्म उपलब्ध हैं, और आपको उन फॉर्मों को समझना होगा जिन्हें पोर्टल पर भरना और जमा करना आवश्यक है। ऑडिट के मामले में, सबसे पहले, चार्टर्ड अकाउंटेंट द्वारा ऑडिट रिपोर्ट अपलोड की जानी चाहिए। इसके बाद इनकम टैक्स रिटर्न भरना होगा। ऑडिट की प्रयोज्यता भी साल-दर-साल के आधार पर भिन्न होती है, इसलिए आयकर रिटर्न दाखिल करने से पहले, यह समझना होगा कि ऑडिट आपकी इकाई पर लागू है या नहीं। अगर आप नियत तारीख पर अपना रिटर्न और ऑडिट नहीं करते हैं, तो इसे आय श्रेणी और विलंबता की आवधिकता के आधार पर पेनल्टी/लेट फीस के साथ विलम्बित रिटर्न के तहत दायर किया जा

सकता है। अगर रिटर्न नियत तारीख से पहले गलत तरीके से दायर किया गया है, तो आगे विस्तारित नियत तारीखों से पहले संशोधित रिटर्न और ऑडिट का विकल्प भी है।

एसएफटी के साथ फाइनेंशियल मिरर एआईएस/टीआईएस

सरकारी अधिकारियों द्वारा निर्दिष्ट वित्तीय लेनदेन रिपोर्ट और अन्य रिपोर्ट के माध्यम से कुछ जानकारी एकत्र की जाती है, जो आयकर के एक अलग पोर्टल पर दिखाई देती हैं जिसका नाम एआईएस/टीआईएस है। प्रदान की गई जानकारी की तुलना आयकर रिटर्न दाखिल करने से पहले की जानी चाहिए ताकि यह सुनिश्चित हो सके कि परिलक्षित सभी लेनदेन सही हैं और दाखिल करते समय विचार किया गया है। सरकारी नियमों में समय-समय पर परिवर्तन के अनुसार सूचना आधार बढ़ रहा है, लेकिन सामान्य तौर पर, जीएसटी के अनुसार बिक्री, जीएसटी के अनुसार खरीद, भूमि बिक्री और खरीद रिकॉर्ड, शेयर और म्युचुअल फंड लेनदेन, बैंक से नकद जमा और निकासी, ब्याज आय, लाभांश आय, कमीशन आय, पेशेवर आय आदि शामिल हैं। यह जानकारी आयकर पोर्टल पर लॉग इन करके प्राप्त की जा सकती है। यदि आपके आयकर रिटर्न दाखिल करते समय ऐसी जानकारी पर विचार नहीं किया जाता है, तो इसका परिणाम जुर्माना और ब्याज हो सकता है।

व्यवसाय में अस्वीकृत व्यय

वास्तविक आधार पर व्यवसाय के लाभ को प्राप्त करने के लिए आयकर में कुछ खर्चों की अनुमति नहीं है, और कर की गणना उसी पर की जा सकती है। व्यवसाय और पेशे से आय की गणना करते समय जिन व्ययों की अनुमति नहीं है, उनमें मुख्य रूप से वे व्यय हैं, जो कुल आय के संबंध में नहीं हैं, जैसे व्यक्तिगत व्यय, दंड आदि। यदि आयकर के अनुसार आय की गणना करते समय ऐसे खर्चों में कटौती की जाती है, तो ऐसे खर्चों को वापस कुल आय में

जोड़ दिया जाएगा। इसके बाद उस पर टैक्स की गणना की जाएगी। उदाहरण के लिए, अगर आपकी आय 1 लाख रुपये है, और आपने 5,000 रुपये के कुछ अस्वीकृत खर्च किए हैं, तो आपकी कुल आय 1.05 लाख रुपये होगी। तो यहाँ, हम कराधान लाभ और वास्तविक लाभ में अंतर की पहचान भी कर सकते हैं।

नकद लेनदेन की अनुमति नहीं है

सलाहकार ने देखा कि समय बचाने के लिए, पारस विक्रेताओं को नकद में भुगतान कर रहा था और लेनदेन कर रहा था, जिसे अधिनियम के अनुसार अनुमति नहीं है। हालांकि, यह स्पष्ट था कि कोई व्यावसायिक अनुभव नहीं होने के कारण, पारस इस बात से अनजान थे कि इसे कानूनों के खिलाफ माना जाता था। इसलिए, सलाहकार ने उसे यह समझाने का फैसला किया कि व्यवसाय में कौन से लेनदेन की अनुमति नहीं है।

सलाहकार ने बताया कि व्यवसाय या पेशे से आय की गणना करते समय नकद लेनदेन की अनुमति नहीं है। यह मनी लॉन्ड्रिंग और कर चोरी का मुकाबला करने, पारदर्शी व्यापार प्रथाओं को प्रोत्साहित करने, पारदर्शी व्यवसायों के विकास के लिए वातावरण को सक्षम करने और ऑडिटिंग और जांच को आसान बनाने में मदद करेगा। प्रति दिन 10,000 रुपये से अधिक के किसी भी नकद व्यय की अनुमति नहीं है। इसी तरह, किसी भी अचल संपत्ति के हस्तांतरण के संबंध में किसी भी ऋण या जमा या किसी भी राशि के लिए ₹ 20,000 या उससे अधिक की नकद रसीद की अनुमति नहीं है। एक दिन में एक व्यक्ति से कुल ₹2 लाख या उससे अधिक की राशि, या एक लेनदेन के संबंध में, या एक व्यक्ति से एक घटना या अवसर से संबंधित लेनदेन के संबंध में नकद में प्राप्त करने की अनुमति नहीं है। हालाँकि, कुछ अपवाद भी हैं। अगर ऐसा कोई लेनदेन किया जाता है, तो ऐसे लेनदेन आयकर ऑडिट रिपोर्ट

और रिटर्न में अलग से रिपोर्ट किए जाते हैं। अगर ऐसा लेनदेन गलती से किया गया है, तो इसे मुनाफे में जोड़ना होगा, और कुल आय की गणना व्युत्पन्न मूल्य पर की जाएगी। इसके अलावा जुर्माना और ब्याज भी लगाया जा सकता है।

सलाहकार ने पारस को पहलू को बेहतर ढंग से समझने में मदद करने के लिए निम्नलिखित उदाहरण का हवाला दिया:

अतुल ग्रामीण क्षेत्र के बाजार के पास खाद और बीज का व्यापार कर रहा था। वह अपनी कमाई में हो रही वृद्धि और मुनाफे से काफी संतुष्ट था, लेकिन उसने कभी भी कराधान वाले हिस्से पर ध्यान नहीं दिया। वह आयकर पहलू के बारे में चिंता किए बिना सामान खरीद और बेच रहा था, यह मानते हुए कि सब कुछ मैनेज किया जा सकता है। लेकिन जिस दिन उन्हें अपने द्वारा किए गए लेन-देन के स्पष्टीकरण के संबंध में, और की गई नकद खरीद के बारे में आयकर नोटिस प्राप्त हुआ, उनकी रातें बेचैन होने लगीं। उसे इस बात का बड़ा सदमा लगा कि कानून के अनुसार व्यापार प्रक्रिया का पालन करने में उसकी लापरवाही के कारण उसने जो भी खरीदारी की थी उस पर कर, जुर्माना और ब्याज देना पड़ा। विभाग द्वारा कर निर्धारण किए जाने के बाद, आयकर को उसके बैंक खाते से ब्याज और जुर्मने की राशि के साथ ऑटो डेबिट कर दिया गया था। नतीजतन, उनके व्यवसाय में नकदी प्रवाह का गंभीर संकट हुआ और उसे बहुत नुकसान हुआ। बहरहाल, अतुल ने भारी कीमत चुकाकर कर अनुपालन के महत्व को समझा। इस घटना के बाद अतुल ने टैक्स स्ट्रक्चर की अनियमितताओं और गैर-अनुपालन को कभी हल्के में नहीं लिया.

"आज, आय अर्जित करने की तुलना में आयकर प्रपत्र बनाने में अधिक दिमाग और प्रयास लगता है।" -अल्फ्रेड ई न्यूमन

टीडीएस और टीसीएस - कब अनुपालन करना होता है

पारस से लेन-देन करते समय कुछ वेंडरों ने टैक्स काट लिया। ऐसे किसी प्रोटोकाल से अनजान, पारस को उसके वेंडरों ने भुगतान के संबंध में एक तर्क दिया, जिसमें कहा कि यह कर कटौती आयकर विभाग का विशेषाधिकार है। वेंडर ने उसे बताया कि वह सिर्फ़ आयकर दिशानिर्देशों के अनुसार काम कर रहा है। इस तर्क ने पारस को फिर भ्रमित किया, उसने यह नियम समझने के लिए अपने सलाहकार की मदद ली। उसने सोचा कि जब उसका कारोबार बढ़ेगा, तो वह टैक्स भी काटेगा और आयकर विभाग के बताए गए नियमों के अनुसार काम करेगा, हालांकि तब भी उसे जो काम करना होगा वह सिर्फ कंप्लायंस का पालन करना ही होगा। सलाहकार ने उसे धैर्यपूर्वक समझाया कि विक्रेता ने ऐसा क्यों कि और इससे संबंधित कानून क्या है।

कुछ मामलों में, "टैक्स डिडक्टेड एट सोर्स" (टीडीएस) और "टैक्स कलेक्टेड एट सोर्स" (टीसीएस) को समय-समय पर सरकार के लेनदेन और कर संग्रह पर नियंत्रण रखने के लिए काटा / एकत्र किया जाता है। इसी तरह एडवांस टैक्स भी देना होता है। किसी धनराशि की प्राप्ति के समय आय के स्रोत से कर एकत्र करने के उद्देश्य से टीडीएस की अवधारणा तैयार की गई थी। माना जाता है कि वह स्रोत आय या आय का एक साधन हो सकता है। इस अवधारणा के अनुसार, एक व्यक्ति (कटौतीकर्ता), जो किसी अन्य व्यक्ति (प्राप्तकर्ता) को निर्धारित प्रकृति का भुगतान करने के लिए उत्तरदायी है, वह स्रोत पर ही कर की कटौती करेगा और उसे सरकार के खाते में जमा करेगा। जिस प्राप्तकर्ता से आयकर स्रोत पर कर काटा गया है, वह कटौतीकर्ता द्वारा जारी फॉर्म 26एएस या टीडीएस प्रमाण पत्र के आधार पर कटौती की गई राशि का क्रेडिट प्राप्त करने का हकदार होगा। इन्हें उस स्रोत पर कर एकत्र करने के लिए पेश किया गया था जहां से किसी व्यक्ति की आय होती है। जिन मदों पर टीडीएस / टीसीएस लागू है, वे हैं पेशेवर शुल्क, वेतन, खरीद,

कमीशन, बिक्री, खरीद, विदेशी भुगतान, बैंकों से नकद निकासी, ब्याज भुगतान, भूमि और भवन की खरीद आदि। कर कटौती करने में विफल होने के मामले में या काटे गए कर के देय तिथि तक सरकार के खाते में भुगतान में विफलता/विलंब होने की दशा में, ऐसे कर के संबंध में कटौतीकर्ता डिफ़ॉल्ट रूप से एक निर्धारिती (असेसी) बन जाता है। वह जुर्माने के लिए भी उत्तरदायी होता है, जो उस राशि के बराबर है जिसके लिए असेसी चूककर्ता माना जाता है। अगर भुगतान के समय टीडीएस और टीसीएस नहीं काटे जाते हैं या एकत्र नहीं किए जाते हैं, तो इस तरह के वित्तीय लेनदेन को आय में वापस जोड़ दिया जाता है। इसके अलावा, ब्याज और विलंब शुल्क विभाग द्वारा आगे लगाया जा सकता है।

ऋण और उपहार का कराधान

टीडीएस और टीसीएस के बारे में समझने के बाद, पारस ने अब सोचा कि क्या उसे सचिन से प्राप्त ऋण और अपने रिश्तेदारों से प्राप्त उपहार/सहायता पर कर का भुगतान करना होगा, क्योंकि यह उसकी आय थी और आय पर कर लगाया जाता है। सलाहकार ने भी उसे ठीक यही बात बताई।

उपहारों का कराधान वास्तविक उपहारों या निर्मित उपहारों के बीच अंतर करने के लिए बहुत ज़रूरी है। उदाहरण के लिए, अगर असंबंधित पार्टी उपहार किसी को दिए जाते हैं, तो यह आयकर के अनुसार आय होगी। यदि इस तरह के लेन-देन को विभाजित (अलगाव) नहीं किया गया है, तो सभी प्राप्तियां और भुगतान उपहार के रूप में होंगे, और किसी के लिए कोई आय नहीं दिखाई जाएगी। वर्ष के दौरान कुल मिलाकर ₹50,000 से अधिक की राशि बिना किसी प्रतिफल के प्राप्त होने की स्थिति में कर की वसूली योग्य

होगा। लेकिन निम्नलिखित मामलों में, किसी व्यक्ति द्वारा प्राप्त मौद्रिक उपहार कर योग्य नहीं होगा:

1) रिश्तेदारों से प्राप्त धन (रिश्तेदारों का एक विशिष्ट अर्थ है)
2) व्यक्ति के विवाह के अवसर पर प्राप्त धन
3) वसीयत के तहत/विरासत के माध्यम से प्राप्त धन
4) अदाकर्ता या दाता की मृत्यु के कंटेम्प्लेशन में प्राप्त धन
5) स्थानीय प्राधिकरण से प्राप्त धन
6) किसी निधि, फाउंडेशन, विश्वविद्यालय, अन्य शैक्षणिक संस्थान, अस्पताल या अन्य चिकित्सा संस्थान से प्राप्त धन; धारा 10(23 सी) में निर्दिष्ट कोई ट्रस्ट या संस्थान।
7) धारा 12ए, 12एए या धारा 12एबी के तहत पंजीकृत किसी ट्रस्ट या संस्थान से या उसके द्वारा प्राप्त धन
8) किसी निधि या न्यास या संस्था, किसी विश्वविद्यालय या अन्य शैक्षणिक संस्थान, या किसी अस्पताल या अन्य चिकित्सा संस्थान, आदि द्वारा प्राप्त धन।

स्टार्ट-अप व्यवसाय के मामले में, यदि किसी व्यक्ति द्वारा जन्मदिन, वर्षगांठ आदि के अवसर पर कोई उपहार प्राप्त किया जाता है, तो यह कर वसूली के दायरे में होगा। हालांकि दोस्तों के उपहार के मामले में, आपके व्यवसाय में सहयोग करने के लिए दी गई धनराशि कर योग्य होगी, क्योंकि आयकर अधिनियम के अनुसार दोस्त रिश्तेदार नहीं है।

यदि रिटर्न दाखिल करते समय ऐसे लेन-देन का उचित आकलन नहीं किया जाता है, तो ऐसे व्यक्ति पर आकलन के समय जुर्माना लगाया जाएगा।

उपरोक्त स्थिति को बेहतर ढंग से समझाने के लिए, सचिन ने एक उदाहरण दिया:

सुखविंदर एक डॉक्टर है, जो परामर्श के आधार पर मरीजों को सलाह देता है और उसने काफी लोकप्रियता हासिल की है। अब, उसका एक अस्पताल स्थापित करने का सपना है। जब वह यह सुझाव अपने दोस्तों को देता है, तो वे उसके इस प्रोजेक्ट का हिस्सा बनने की इच्छा रखते हैं। इसलिए, अपने दोस्तों के साथ, वह योजना बनाता है कि वह अपने व्यवसाय का विस्तार कैसे करे। दोस्त अस्पताल खोलने के लिए सुखविंदर को पैसे उपहार देना चाहते हैं। उसके कुछ पड़ोसी भी इसके लिए योगदान और उपहार देना चाहते हैं। लेकिन सुखविंदर के सलाहकार उसे अपने दोस्तों और पड़ोसियों से कोई भी उपहार लेने के लिए मना करते हैं, क्योंकि उन्हें उनसे जो भी पैसा मिलेगा, उस पर 30% का टैक्स देना होगा। उदाहरण के लिए, अगर उसे उपहार के रूप में 10 लाख रुपये मिलते हैं, तो उसे लगभग 3 लाख रुपये टैक्स के रूप में देने होंगे, जो अस्पताल शुरू करने के उनके सपने को प्रभावित कर सकता है। अब, वह उलझन में है, क्योंकि उसे पता चलता है कि उपहारों का उपयोग भले ही एक अच्छे कारण के लिए किया जाएगा, फिर भी, उसे उस पर कर देना होगा। सलाहकारों और अपने परिचित डॉक्टरों के साथ चर्चा करने के बाद, सुखविंदर ने एक ट्रस्ट/एनजीओ बनाने का फैसला किया, जहां अस्पताल के लिए प्राप्त किसी भी दान को इस उद्देश्य के लिए इस्तेमाल किया जाता है, तो कराधान से छूट मिल जाती है। कुशल योजना, सलाहकार की मदद से, सुखविंदर को अपने सपनों को प्राप्त करने में सहायता करेगी, उचित कर योजना का ख्याल रखेगी।

सलाहकार के साथ उपरोक्त चर्चा से, पारस को आयकर के मुद्दों से निपटने के तरीके के बारे में एक अच्छा अपडेट मिला। और जीएसटी के लिए, उन्होंने अपने आपूर्तिकर्ता से संपर्क करने के बारे में सोचा, जो उन्हें बेहतर मार्गदर्शन करने में सक्षम होंगे क्योंकि उन्हें अक्सर जीएसटी से निपटना होता है।

सारांश:

> ➤ आपको अपने करों की योजना पहले से अच्छी तरह से बनानी होगी ताकि आप आयकर अधिनियम के अनुसार उपलब्ध योजनाओं का अधिकतम लाभ उठा सकें।
> ➤ आपको पता होना चाहिए कि आयकर रिटर्न कब दाखिल करना है और आपके खाते की लेखा परीक्षा के लिए क्या मानदंड हैं।
> ➤ खातों की बहियों को अंतिम रूप देने या आयकर रिटर्न दाखिल करने से पहले, यह जांचना चाहिए कि आयकर विभाग के पास उपलब्ध सभी सूचनाओं का हिसाब था या नहीं।
> ➤ व्यवसाय में हर खर्च या नकद लेन-देन की अनुमति नहीं होती है, इसलिए वित्तीय लेन-देन करते समय, जैसे रसीद, भुगतान, खरीद या बिक्री, अनुपालन को दंडात्मक कार्यों से बचाव के लिए ध्यान में रखा जाना चाहिए।
> ➤ विकास के हर स्तर पर, आयकर प्रयोज्यता भी बढ़ जाती है। इसलिए, यह समझना भी बहुत ज़रूरी है कि व्यापार पर टीडीएस और टीसीएस कब लागू होंगे और व्यवसाय का संचालन करते समय किन प्रक्रियाओं को अपनाया जाना है।

गतिविधियां:

> ➤ योजना बनाएं कि कौन सी आयकर योजनाएं आपके अनुरूप हैं।
> ➤ अपने कैलेंडर में आयकर देय तिथियां लिखें।
> ➤ व्यापार में नकद लेनदेन को ना कहने की आदत डालें।

<u>अध्याय 5-व्यापार में जीएसटी की भूमिका</u>

"जीवन में सबसे अच्छी चीजें मुफ्त हैं, लेकिन जल्दी या बाद में, सरकार उन पर टैक्स लगाने का एक तरीका खोज लेगी। "- अज्ञात

पारस पहले ही बाजार का अध्ययन करके लागू टैक्स दरों को समझ चुका था। और अब जब उसने टैक्स के लायक सीमा पार कर ली थी, तो उसने अपने सप्लायर से जीएसटी के बारे में जानकारी ली। सप्लायर ने उन्हें जीएसटी की वे खास-खास बातें बताईं, जिन्हें व्यापार में लेनदेन करते समय ध्यान में रखना चाहिए।

जीएसटी-एक वरदान

शुरू—शुरू में पारस जीएसटी को लेकर बेहद आशंकित थे, लेकिन उनके सलाहकार ने समझाया कि किस तरह पहले प्रचलित जटिल प्रणाली की तुलना में जीएसटी फायदेमंद है।

इससे पहले, उत्पाद शुल्क, वैट, एनसीसीडी वगैरह जैसे कानून और अधिनियम थे, जिनके लिए बहुत ज़्यादा फॉलोअप करना पड़ता था। लेकिन जीएसटी के बाद सब कुछ बदल गया, जैसे कि अब हमारे पास लगभग 'एक राष्ट्र, एक कर' जैसी व्यवस्था है, और पूरे भारत का फाइलिंग पोर्टल भी एक ही है। हालांकि, राज्यों के कुछ काम में कोई बदलाव नहीं हुआ है। जीएसटी पंजीकरण के लिए ज़रूरी दस्तावेज पैन, आधार, परिसर का बिजली बिल, किराया समझौता, सहमति पत्र और उत्पाद या सेवाओं का एचएसएन (HSN) कोड हैं। इसके अलावा, जीएसटी पंजीकरण के बाद, व्यापार नाम के साथ एक बैंक खाता खोला जाता है, और उस बैंक खाते की डिटेल तय समय सीमा के अंतर पोर्टल पर सबमिट करनी होती है। जीएसटी नंबर राज्य संख्या, पैन, पंजीकरण की संख्या और चेक कोड का एक संयोजन है। जीएसटी, व्यापार

के स्थान पर भी आधारित होता है। अगर व्यापार का स्थान एक ही राज्य में है तो पहले से अलॉट हुए जीएसटी में वह जगह जोड़ी जा सकती है, लेकिन अगर व्यापार का स्थान दूसरे राज्य में है तो उस राज्य में दूसरा जीएसटी नंबर प्राप्त करना होगा। जीएसटी पंजीकरण की यह प्रक्रिया ऑनलाइन है। इसलिए, इसे कहीं से भी और किसी भी जगह से अप्लाई किया जा सकता है। कुछ विशिष्ट मामलों को छोड़कर इसके लिए किसी भी कार्यालय में जाने की ज़रूरत नहीं होती है। अगर पंजीकरण के समय गलत दस्तावेज जमा किए जाते हैं, तो विभाग कारण बताओ नोटिस जारी करेगा। ऐप्लिकेशन में जो कमियां हैं उन्हें बताएगा, और उन कमियों को ठीक करने का अवसर देगा। उन कमियों के दुरुस्त होने के बाद ही जीएसटी नंबर जारी किया जाएगा।

सप्लायर ने नीचे दिए गए उदाहरण की मदद से पारस को पूरा परिदृश्य समझाया:

श्याम व्यवसाय कर रहा था, लेकिन वह उन करों के बारे में पूरी तरह से अनजान था, जिनके बारे में उसके सलाहकार उसे बता रहे थे। इसके बारे में थोड़ा सोचने-समझने के बदले वह आंख बंद करके उसका पालन कर रहा था। वहीं उसके जैसे दूसरे व्यापारी अपने सलाहकारों से चर्चा करके काम कर रहे थे और टैक्स का भुगतान करने से पहले कानून को समझने की कोशिश कर रहे थे। पूरी तरह सलाहकारों पर निर्भरता की वज़ह से वह कर संरचना (टैक्स स्ट्रक्चर) पर कोई फ़ैसला लेने की स्थिति में नहीं था। इसके अलावा, जब वह नए आर्डर के लिए कंपनी को एक क्वोट दे रहा था तो जानकारी न होने की वज़ह से, वह कीमत में जीएसटी लागत पर विचार नहीं कर रहा था। अंत में, वह आर्डर पाने में कामयाब तो था, लेकिन बाद में कुल मिलाकर टैक्स का बोझ उसी से वसूला गया, और उसे उन आर्डर पर नुकसान उठाना पड़ा।

जीएसटी में इनपुट टैक्स क्रेडिट (आईटीसी) कैसे काम करता है

जीएसटी एक उपभोग आधारित टैक्स है। इसके लिए इनपुट टैक्स क्रेडिट की व्यवस्था लागू की गई है। हम इसे एक सरल उदाहरण के माध्यम से समझ सकते हैं। मान लीजिए, आपने 1000 रुपये का सामान खरीदा है। यह टैक्स किसी रकम पर 10% की दर से लगाया जाता है, जो कि 100 रुपये है। तो, अंतिम भुगतान राशि 1100 रुपये होगी। बिक्री मूल्य 1100 रुपये है, और उस पर जीएसटी 110 रुपये है। तो, प्राप्त अंतिम राशि 1210 रुपये होगी। जीएसटी देय राशि कुल प्राप्त 110 रुपये में से पहले से भुगतान किए गए 100 रुपये घटाकर निकाली जाएगी। फिर, अंतिम जीएसटी राशि जो देय होगी, वह होगी ₹10 (₹110 – ₹100 = ₹10).

खरीद के समय भुगतान किया गया ऐसा जीएसटी इनपुट टैक्स क्रेडिट (इसके बाद आईटीसी के रूप में संदर्भित) लेजर में जोड़ा जाएगा, और जीएसटी देय को ऐसे आईटीसी लेजर से घटाया जाएगा। शेष राशि का भुगतान नकद और बैंक के माध्यम से किया जाएगा। आईटीसी लेजर को बैंक स्टेटमेंट के समान ही बनाए रखा जाता है। खरीद के समय आपके आईटीसी लेजर में 100 रुपये जमा किए जाएंगे। जब आप 110 रुपये का भुगतान करते हैं, तो 100 रुपये डेबिट हो जाएंगे। इस तरह का खाता शून्य होगा और 10 रुपये की शेष राशि का भुगतान नकद और बैंक के माध्यम से किया जाएगा। आपने बैंक में ऐसे कोई विवाद ज़रूर देखा होगा जिसमें राशि खाते से डेबिट तो हो गई हो लेकिन प्राप्तकर्ता के खाते में क्रेडिट नहीं हुई। ऐसे उदाहरण में, आप समाधान (रेज़ोल्यूशन) के बारे में बैंक से शिकायत करते हैं। इसी तरह, अगर आपके क्रेडिट लेजर का सरकार द्वारा गणना किए गए आईटीसी लेजर के साथ सामंजस्य नहीं होता है, तो विभाग मिलान के लिए कारण बताओ नोटिस (एससीएन) जारी कर सकता है। संतोषजनक साक्ष्य प्रस्तुत न करने की स्थिति में जुर्माना और ब्याज लगाया जा सकता है।

गुड्स और सर्विस टैक्स की प्रमुख विशेषताओं में से एक आईटीसी की निर्बाध और निरंतर शृंखला है। आईटीसी, करों के कैस्केडिंग से बचने के लिए एक

तंत्र है। सरल भाषा में कहें तो, टैक्स का कैस्केडिंग 'कर पर कर' है। कराधान की पिछली प्रणाली के तहत, केंद्र सरकार द्वारा लगाए जा रहे करों का क्रेडिट राज्य सरकारों द्वारा लगाए गए करों के भुगतान के लिए सेट-ऑफ के रूप में उपलब्ध नहीं था। ऐसी ही स्थिति राज्य सरकार द्वारा लगाए जा रहे करों के मामले में भी थी। जीएसटी प्रणाली की सबसे महत्वपूर्ण विशेषताओं में से एक यह है कि पूरी सप्लाई चेन, केंद्र और राज्य सरकार द्वारा एक साथ लगाए जाने वाले जीएसटी के अधीन होगी। चूंकि केंद्र या राज्य सरकारों द्वारा लगाया गया टैक्स उसी टैक्स व्यवस्था का हिस्सा होगा, इसलिए प्रत्येक चरण में भुगतान किए गए टैक्स का क्रेडिट प्रत्येक बाद के चरण में टैक्स के भुगतान के लिए सेट-ऑफ के रूप में उपलब्ध होगा।

इस बात को बेहतर ढंग से समझाने के लिए सप्लायर ने पारस को ये उदाहरण दिया:

मनीष टेक्नोलॉजी के क्षेत्र में सर्विस प्रोवाइडर थे। उनके अधिकांश ग्राहक भारत से बाहर थे। इसलिए उन्हें सेवा प्रदान करने के लिए उनसे जीएसटी वसूल रहे थे। यह उन्हें अपनी जेब से वहन करना पड़ रहा था। कुछ समय के बाद, वह उसी के रिफंड के लिए दावा कर रहे थे। उन्हें एक कार्यशील पूंजी का निवेश करना था जिसे जीएसटी विभागों को देना था। साथ ही उसी राशि के रिफंड का दावा करने के लिए भी खर्चे करने थे। हालांकि, सभी रिफंड के लिए बहुत सोच—समझकर उन्होंने एक टाइमलाइन तय की थी। अपने सलाहकार के साथ चर्चा के बाद, उन्होंने पहचान की कि एक ऐसी योजना भी है जहां उन्हें विभाग को लेटर ऑफ अंडरटेकिंग (एलयूटी) दाखिल करके निर्यात सेवाओं पर जीएसटी चार्ज करने की ज़रूरत नहीं है। इस स्कीम को जानने और उसे लागू करने के बाद, मनीष एक कार्यशील पूंजी राशि बचाने में सफल थे, जिससे उन्हें इस पूंजी का थोड़ा ही सही लाभ पाने में मदद मिली। इसलिए, किसी उद्यमी के लिए यह हमेशा लाभदायक होता है कि वह अपने बिजनेस पर लागू होने वाले टैक्स को समझे और उन प्रक्रियाओं से वाकिफ़ हो जिनका उसके प्रतियोगी पालन कर रहे हैं।

जीएसटी डीलर और रिटर्न के प्रकार

हमने पहले देखा था कि व्यवसाय के कई प्रकार के हो सकते हैं - जैसे लघु, सूक्ष्म, मध्यम और बड़ा। इसलिए, अपने व्यवसाय के मानदंड, श्रेणी और ज़रूरत के अनुसार, कोई व्यवसायी अपना जीएसटी पंजीकरण चुन सकता है। मुख्य रूप से दो प्रकार के डीलर हैं - कंपोजिशन और रेगुलर। कंपोजिशन डीलर के मामले में, आईटीसी की बिना कर की एक साधारण दर है। उदाहरण के लिए, व्यापारियों के लिए यह 1% है, भले ही खरीद के समय जीएसटी का भुगतान किया गया हो। ऐसी इकाई को एक तय प्रतिशत पर जीएसटी का भुगतान करना पड़ता था, और खरीदार द्वारा कर एकत्र नहीं किया जा सकता था। इसके अलावा, खरीदार द्वारा भुगतान किए गए जीएसटी का इस्तेमाल खरीदार द्वारा रिसेल के समय किया जा सकता है। त्रैमासिक सीएमपी 08 रिटर्न दाखिल किया जाना है, और सालाना, जीएसटीआर 04 भरा जाना है। डीलर का एक दूसरा टाइप रेगुलर डीलर है। मौजूदा कानून के अनुसार, इन्हें दो रिटर्न भरने होंगे - जीएसटीआर 1 और जीएसटीआर 3बी। जीएसटीआर 1 के मामले में, एक इकाई को सभी बिक्री रिकॉर्ड दर्ज करने होते हैं, और जीएसटीआर 3 बी में, कर भुगतान की गणना की जाती है, और शेष कर राशि का भुगतान किया जाता है। आप पंजीकरण के समय अपना डीलर टाइप चुन सकते हैं। व्यवसाय बढ़ने या घटने की चिंता करने की कोई ज़रूरत नहीं है। ऐसे डीलर टाइप को वार्षिक आधार पर बदला जा सकता है।

जीएसटी की दरें

सरकार द्वारा तय की गई नीतियों, अधिसूचनाओं और परिपत्रों के अनुसार जीएसटी की अलग-अलग दरें हैं। इस्तेमाल, नेचर, विकास और कई दूसरे कारकों के आधार पर यह अक्सर अलग-अलग होता है। ज्यादातर दरों को 5%, 12%, 18% और 28% के तहत रखा गया है, और टैक्स को तीन भागों में विभाजित किया गया है - सीजीएसटी, एसजीएसटी और आईजीएसटी। बिक्री इंटरस्टेट होने पर आईजीएसटी चार्ज किया जाता है, जबकि बिक्री इंटरस्टेट होने पर सीजीएसटी और एसजीएसटी चार्ज किया जाता है। निर्यात बिक्री के मामले में 'शून्य दर कर' (ज़ीरो रेट टैक्स) की अवधारणा है। यह लागू शर्तों के अधीन है। बिना किसी लाभ के बेचे जाने वाले माल के मामले में, पहले की अवधारणा के अनुसार कोई जीएसटी नहीं होगा। इससे पहले, एक उदाहरण में, हमने 1000 रुपये में खरीदे गए सामान और उस पर भुगतान किए गए 100 रुपये के कर के बारे में समझा था। उसी तरह, 1000 रुपये में बेचे जाने वाले सामान के लिए, टैक्स 100 रुपये होगा। फिर, कैश लेजर के माध्यम से भुगतान करने के लिए कोई कर नहीं होगा।

अब, सवाल यह है कि अपनी दरों की पहचान कैसे करें? जीएसटी की दर की पहचान करने का सबसे अच्छा तरीका बाजार स्वीकार्य दरों के माध्यम से है। इसके लिए सलाहकारों की मदद भी ली जा सकती है। और किसी भी संदेह की स्थिति में सरकारी अधिकारियों द्वारा इसकी पुष्टि भी की जा सकती है। अगर गलत दर वसूल की जाती है, तो व्यापार इकाई दर में उस अंतर को कलेक्ट कर सकती है।

अस्वीकृत इनपुट

जैसा कि हम जानते हैं, आयकर में, कुछ खर्चों की अनुमति नहीं है। इसी तरह, कुछ इनपुट भी अस्वीकृत हैं। लिए गए इनपुट से बचने के लिए इस तरह के प्रतिबंध लगाए गए हैं, जिसका कारोबार से कोई सरोकार नहीं है। उदाहरण के लिए, अगर घर के लिए किराने का सामान खरीदा गया तो ऐसी खरीद पर भुगतान किए गए जीएसटी की अनुमति नहीं दी जा सकती है। जिन उत्पादों और सेवाओं पर इनपुट टैक्स क्रेडिट की अनुमति नहीं है उनमें मुख्य रूप से मोटर वाहन, खाद्य पदार्थ, बाहरी खानपान, सौंदर्य उपचार, स्वास्थ्य सेवा, कॉस्मेटिक, प्लास्टिक सर्जरी, बीमा, मोटर वाहनों की मरम्मत और रखरखाव, क्लब की सदस्यता, स्वास्थ्य केंद्र, फिटनेस सेंटर, किराया एक टैक्सी, जीवन बीमा, स्वास्थ्य बीमा, वगैरह हैं। हालांकि, ऐसे अपवाद भी हैं जिन्हें अलग से समझने की ज़रूरत है। जिन उत्पादों और सेवाओं पर इनपुट की अनुमति नहीं है, उन पर भुगतान किए गए जीएसटी को सीधे खर्च या संपत्ति में जोड़ा जाता है, और यदि ऐसे इनपुट जीएसटी रिटर्न में मौजूद होते हैं, तो उन्हें लौटा देना होगा। अगर इस तरह के इनपुट को गलती से लिए जाते हैं, तो इन्हें अगले रिटर्न में लौटाना पड़ता है, और अगर इस्तेमाल किया जाता है, तो इसे ब्याज सहित वापस करना पड़ता है। अगर इस पर विभाग ध्यान देता है तो जुर्माना भी लगाया जा सकता है।

रिवर्स चार्ज

कुछ श्रेणियां ऐसी हैं, जिनका असंगठित बाजार है। ऐसे मामलों में, कर का भुगतान सीधे इकाई को ही विभाग को करना पड़ता है। ऐसा कुछ विशिष्ट मामलों में होता है जहां स्व—घोषणा आधार बनती है, जैसे-ट्रांसपोर्टर के केस में। वर्तमान में रिवर्स चार्ज के अंतर्गत आने वाली सेवाओं में परिवहन सेवाएं,

अधिवक्ता सेवाएं वगैरह हैं। ऐसी सेवाओं के मामले में, स्व-घोषणा के आधार पर कर का भुगतान करना होगा। उदाहरण के तौर पर, अगर आप ट्रांसपोर्ट सर्विसेज का लाभ उठाते हैं और ट्रांसपोर्टर को 20,000 रुपये का भुगतान करते हैं तो ऐसे में जीएसटी का भुगतान 5% की दर से करना होगा। यह राशि 1,000 रुपये होगी, और इसे नकद और बैंक के माध्यम सेए रिटर्न जीएसटीआर3 बी की मदद से सीधे विभाग को भुगतान करना होगा। उसी रिटर्न में इस तरह का इनपुट लिया जा सकता है। अगर स्व-घोषणा के वक्त भुगतान नहीं किया जाता है और भुगतान बाद में किया जाता है, तो उस समय इनपुट की भी अनुमति नहीं दी जाएगी। इसलिए, समय पर भुगतान करना हमेशा बेहतर होता है।

ई-वे बिल और ई-चालान

संस्थाओं से डेटा एकत्र करने में देरी से बचने के लिए और माल की आवाजाही के समय माल की सुचारू जांच के लिए, इलेक्ट्रॉनिक वे बिल (ई-वे) बिल जनरेट किया जाता है। इसमें माल की खेप के शिपमेंट से जुड़ी जानकारी होती है। विवरण में कंसाइनर का नाम, कंसाइनी, कंसाइनमेंट कहां से चला है, वह कहां जाना है और मार्ग शामिल होते हैं।

ई-वे बिल की दो अवधारणाएँ हैं-भाग ए में प्राप्तकर्ता के जीएसटीआईएन का विवरण, डिलीवरी का स्थान (पिन कोड), इनवॉयस या *चालान* संख्या, तिथि, माल का मूल्य, एचएसएन कोड, परिवहन दस्तावेज़ संख्या, और परिवहन की वज़ह दर्ज होती है, जबकि भाग बी में ट्रांसपोर्टर विवरण (वाहन संख्या) शामिल होती है। ई-वे बिल की तरह, जीएसटी पंजीकृत व्यवसाय को बिज़नेस टू बिज़नेस (बी2बी) लेनदेन के लिए एक ई-चालान जनरेट करना होगा। ई-चालान, सरकारी पोर्टल पर चालान के पंजीकरण के अलावा और कुछ नहीं

है। हालांकि, ई-वे बिल और ई-चालान जारी करने के कुछ अपवाद भी हैं। ऐसा ई-वे बिल और ई-चालान ऑनलाइन मोड में किया जाता है, और कार्यालय में जाने की कोई ज़रूरत नहीं है। अगर ई-वे बिल और ई-चालान जनरेट नहीं किया जाता है, तो विभाग दंड, ब्याज और कानूनी कार्रवाई जारी कर सकता है। इसके अलावा, रिटर्न दाखिल करते समय डेटा का मिलान न होने का मुद्दा भी हो सकता है।

सप्लायर ने विस्तार से ये बातें समझाईं तो पारस को आगे का रास्ता तय करने में मदद मिली। उन्होंने जीएसटी नंबर हासिल किया और अपनी कर दरों के बारे में जानकारी प्राप्त की। उचित नेटवर्क और अनुपालन के साथ ही उनका कारोबार माह-दर-माह आगे बढ़ रहा था। लेकिन वह अभी भी संतुष्ट नहीं था। इस क्षेत्र में दो साल बिताने के बाद भी उसका फैट-फ्री चावल बनाने का सपना कहीं खो गया। वह वही हासिल करना चाहता था। फिर क्या था जो उसे आगे बढ़ने से रोक रहा था? सच कहें तो, इसकी मुख्य वज़ह व्यवसाय से जुड़ने रोजाना के कार्यों को संभालना था, जिसमें उसका मुख्य लक्ष्य गुम हो गया था। लेकिन वह बेचैन महसूस कर रहा था, इसलिए उसने स्थिति पर काबू पाने के लिए समाधान तलाशने का फैसला किया। और अपने उस सपने को साकार करने के लिए, उसने उद्यमियों के लिए तैयार किए गए कुछ प्रबंधन पाठ्यक्रमों में प्रवेश लिया। यहां, उसने अकाउंटिंग के जरिए चीजों पर कंट्रोल हासिल करने की कला सीखी।

पारस के सलाहकार ने उसे आयकर के बारे में प्रशिक्षित किया, जबकि सचिन ने पहले ही उसे समझाया था कि जीएसटी पंजीकरण सही समय पर करना ज़रूरी है। हालांकि, शुरुआत में वह स्पष्ट नहीं था कि जीएसटी पंजीकरण कब किया जाना ज़रूरी होगा। इसके अलावा, उसे कैंटीन और सोसायटियों वगैरह को अपना तैयार किया हुआ चावल बेचने में कई सारी चुनौतियों का सामना

करना पड़ रहा था। इस मुद्दे को हल करने के लिए, उसने अपने व्यवसाय की नींव से ही मूल सिद्धांतों को समझने की प्रक्रिया अपनाना बेहतर समझा। खुशी का ऐसा भी वक्त आया अब उसने मील का एक पत्थर हासिल कर लिया, क्योंकि इकाई ने जीएसटी प्राप्त करने के लिए बेंचमार्क पार कर लिया है। वह जानता था कि यह सिर्फ शुरुआत है। उसकी सीखने की यात्रा ने इस बिंदु से गति पकड़ी। कॉल पर अपने सलाहकार से बात करते हुए उसने कहा कि अब उसे एक और डिग्री प्राप्त करनी होगी, और वह है "माल और सेवा कर"। लाइसेंस को 'डिग्री' कहकर पुकारने के उसके इस दृष्टिकोण को सलाहकार ने सकारात्मक मानसिकता से प्रभावित माना और इसे लेकर हल्का हंसी मजाक भी किया। सलाहकार को अब दिख रहा था कि पारस ने एक लंबा सफर तय कर लिया था और हमेशा सीखने के लिए उत्सुक था। सलाहकार को भी यह अच्छा लगा कि वह एक एमएसएमई उद्यमी को बढ़ने और अपने मील के पत्थर हासिल करने में मदद कर रहे थे। पारस, सचिन और सलाहकार हर बाधा को पार करने और एक के बाद एक लक्ष्य हासिल करने को लेकर रोमांचित थे। पारस ने जिस उत्साह और हिम्मत के साथ काम किया वह सराहनीय था।

अगले दिन, पारस यही सारी चीज़ें जानने के लिए सलाहकार के कार्यालय पहुंचा।

सारांश:

> जीएसटी, उपभोक्ता से वसूल कर सरकार को जमा कराना है। इसके लिए, सही दर का आकलन किया जाना है।

> डीलर का टाइप और उसके रिटर्न किसी नए व्यवसाय में बहुत मायने रखते हैं ताकि अनुपालन लागत (कंप्लायंस कॉस्ट) को नियंत्रित किया जा सके।

> भविष्य में किसी दंड से बचाने के लिए, आपके उत्पाद और सेवाओं पर लागू जीएसटी की सही दर को समझा जाना चाहिए।

- ➤ कभी भी ऐसे इनपुट लेने का जोखिम न लें जिन्हें आपके व्यवसाय के अनुसार लेने की अनुमति नहीं है, क्योंकि यह भारी दंड और ब्याज राशि के साथ वापस लौटाना पड़ सकता है।
- ➤ विभाग को किस स्तर पर जानकारी प्रस्तुत करनी है, यह पता होना चाहिए। यह ज्यादातर टर्नओवर आधारित मानदंडों पर निर्भर है।

गतिविधियां:

- ➤ किसी एक ही उत्पाद के कुछ सैंपल इनवॉयस और कोटेशन एकत्र करें।
- ➤ उन कर दरों की तुलना करें जो एक ही नेचर के बिजनेस में उद्यमी इस्तेमाल कर रहे हैं।
- ➤ अपने सलाहकार से मिलें। अपने उत्पाद के अनुसार जीएसटी की दर की जाँच करें।
- ➤ उन इनपुट को समझें जो आपके व्यवसाय के लिए योग्य हैं और जिन्हें आपके व्यवसाय में अनुमति नहीं है।
- ➤ कर लागत और अनुपालन लागत (कंप्लायंस कॉस्ट) पर सोच— विचार करके, अपनी उत्पाद लागत को तय करें।

<u>अध्याय 6-लेखांकन आपको नियंत्रण देता है</u>

सलाहकार का दौरा करने पर, पारस ने लेखांकन पर अच्छी पकड़ रखने के महत्व को महसूस किया। चूंकि उसे बुनियादी बातों का भी ज्ञान नहीं था, इसलिए सलाहकार ने लेखांकन में नाइट कोर्स करने का सुझाव दिया। हालांकि यह आसान नहीं था क्योंकि पारस दिन के समय कारोबार करता था, फिर भी, पारस में खुद को ऊपर उठाने के लिए उत्साह की कमी नहीं थी। उसने अतिरिक्त प्रयास करने में कोई संकोच नहीं किया। इसके लिए सलाहकार और सचिन दोनों ने उसकी सराहना की। सलाहकार ने पारस को देखकर मुस्कुराया और कहा कि अपने सपनों को पूरा करने या खुद को शिक्षित करने के लिए उम्र की कोई सीमा नहीं होती है। हर दिन को बढ़ने के अवसर के रूप में लें। तो, काम में डूब जाएं और अपना सर्वश्रेष्ठ दें। सलाहकार के प्रेरक शब्द पारस के साथ बने रहे और हर मामले में आगे बढ़ने के उसके उत्साह को एक नया जोश दिया। लंबे समय तक सोच विचार किए बिना, पारस ने लेखांकन के लिए मिडनाइड कोर्स ज्वाइन कर लिया।

कोर्स करते समय, पारस की धीरे-धीरे लेखांकन पर अच्छी पकड़ हो गई। उन्होंने लेखांकन के महत्व के साथ यह भी सीखा कि इसे विभिन्न चरणों और प्रक्रियाओं के माध्यम से कैसे लागू किया जाए। पाठ्यक्रम पूरा करने और गहन ज्ञान प्राप्त करने के बाद, उन्होंने इसे लागू करने के लिए अपने कर्मचारियों को अवधारणाओं को समझाया।

अकाउंटिंग — एक मजेदार कार्य

लेखांकन सिर्फ़ लेनदेन को रिकॉर्ड करने के लिए नहीं है, यह उससे परे है। यह व्यवसाय की रीढ़ होती है। यदि किसी भी स्तर पर यह विफल रहता है, तो इससे दूसरे पक्ष द्वारा पुष्टि करने में विफलता हो सकती है। लेखांकन हर

व्यापार चक्र को नियंत्रित करने में मदद करता है, जैसे कि खरीद, बिक्री, कैश बुक, बैंक बुक, इन्वेंट्री रजिस्टर, खाता देय, खाता प्राप्य, आदि। इसके लिए कई तरीकों का इस्तेमाल किया जा सकता है। बुनियादी स्तर पर, वित्तीय लेनदेन का लेखा बहुत सरलता से किया जाता है। हालांकि, जब आपका व्यवसाय थोड़ा बढ़ता है, तो आपका लेखांकन एक इन्वेंट्री स्तर पर बढ़ता है, जहां स्टॉक की हर गतिविधि को दर्ज किया जाता है। इस प्रकार, यह आपको इन्वेंट्री स्तरों पर नज़र रखने में मदद करता है। इसके अलावा, जब आपका व्यवसाय बढ़ता है, तो खाता प्राप्य, खाता देय आदि के लिए विभिन्न लेखांकन पद्धतियों का उपयोग व्यवसायों की ज़रूरत के आधार पर किया जाता है। एमएसएमई के लिए, इन्वेंट्री मॉड्यूल वाला कोई भी अकाउंटिंग सॉफ्टवेयर जरूरी है, क्योंकि इसमें हर मॉड्यूल छोटे प्रारूपों में होता है और आपको हर समय ट्रैक करने में मदद करता है। यह किसी विशेष चरण के वित्तीय विवरण भी जनरेट कर सकता है। ऐसा सॉफ्टवेयर 50,000 रुपये में उपलब्ध है। कुछ जीएसटी नंबर के साथ भी फ्री हैं। ये अकाउंटिंग सॉफ्टवेयर आयकर, जीएसटी और अन्य द्वारा आवश्यक रिटर्न जनरेट करने में भी मदद करते हैं। बाजार में विशिष्ट सॉफ्टवेयर भी हैं। उदाहरण के लिए, दवा उद्योग में, बैच संख्या और समाप्ति तिथि का अत्यधिक महत्व है। तो, लेखांकन मॉड्यूल ऐसे डेटाबेस पर भी नियंत्रण देता है, जहां माल की आवाजाही बैच नंबर से दर्ज की जाती है। अगर उचित लेखांकन पद्धति का उपयोग नहीं किया जाता है, तो यह भ्रम पैदा कर सकता है। इससे भी बुरी बात यह है कि दंडात्मक कार्रवाई भी की जा सकती है। उदाहरण के लिए, एक दवा की दुकान में, अगर माल की आवाजाही बैच नंबर रिकॉर्ड नहीं रखी जाती है, तो दवा निरीक्षकों द्वारा दंडात्मक कार्रवाई शुरू की जा सकती है।

लेखांकन में कभी चूक मत करें

लेखांकन व्यवसाय का सबसे महत्वपूर्ण पहलू है; यह रिकॉर्ड करता है और आपको नियंत्रण के साथ-साथ व्यवसाय के वित्तीय परिदृश्य का एक संक्षिप्त दृश्य प्रदान करता है। यह व्यापार के हर वित्तीय लेनदेन को रिकॉर्ड करने में मदद करता है, जैसे बिक्री, खरीद, रसीदें, भुगतान, आदि। प्रत्येक लेनदेन को रिकॉर्ड करते समय, यह आपको व्यवसाय के वित्तीय की एक संक्षिप्त तस्वीर देता है। यह आगे विभिन्न रिपोर्ट जैसे लेजर, पुष्टिकरण, ट्रायल बैलेंस, लाभ और हानि, बैलेंस शीट आदि के निर्माण में मदद करता है। यह समय-समय पर रिटर्न के रूप में कराधान निकाय द्वारा आवश्यक रिपोर्ट तैयार करने में भी सहायक है। प्रत्येक व्यवसाय को चेक-प्वाइंट की आवश्यकता होती है, और लेखांकन आपको व्यवसाय को नियंत्रित करने के लिए विभिन्न प्रकार के चेक-पॉइंट प्रदान करता है, जैसे खरीदारों को क्रेडिट सीमा। यदि लेखांकन पद्धति में साख सीमा की x से अधिक राशि न देने का मानकीकरण किया जाता है तो एक चरण में माल की बिक्री अनुमत साख सीमा तक ही सीमित रहेगी। नई तकनीकों के साथ लेखांकन का आधुनिकीकरण किया गया है। इसलिए, अलग से लेखांकन करने का कार्य काफी हद तक कम हो गया है। उदाहरण के लिए, एक बिलिंग सॉफ़्टवेयर आपको केवल बिक्री के बिंदु पर लेन-देन का हिसाब लगाने में मदद करता है। लेखांकन में विफलता को रोकना केवल तभी संभव है जब लेखांकन पूरा होने के बाद लेन-देन निष्पादित हो जाएगा। दूसरे शब्दों में, लेखांकन से पहले किसी भी वित्तीय लेनदेन की अनुमति नहीं होगी। इसका मतलब है कि बिना बिलिंग के बिक्री की अनुमति नहीं है, या बिना *चालान* के परिसर से कोई सामान नहीं भेजा जाएगा। जब आप व्यवसाय में होते हैं, तो हर चीज को याद रखना कठिन होता है। एक बिंदु पर, यदि लेखांकन ठीक से नहीं किया जाता है, तो इससे सीधे वित्तीय नुकसान होगा। उदाहरण के लिए, यदि विक्रेता को भुगतान किया जाता है, लेकिन उसका हिसाब नहीं दिया जाता है, तो इसका परिणाम दोहरा भुगतान हो सकता है।

लेखांकन मुख्य रूप से मदद करता है:

- ➢ व्यापार लेनदेन का रिकॉर्ड रखने में
- ➢ प्रबंधन के लिए निर्णय लेने की सुविधा देता है
- ➢ परिणामों का संचार करता है
- ➢ कानूनी ज़रूरतों को पूरा करता है

अब जब पारस को लेखांकन के बारे में गहराई से जानकारी हो गई, तो उन्होंने निम्नलिखित उदाहरण देकर अपने कर्मचारियों को लेखांकन की अवधारणा को समझाया:

रवींद्र पिछले दस वर्षों से ट्र-व्हीलर ऑटोमोबाइल उद्योग में सफलतापूर्वक काम कर रहा था। प्रक्रियात्मक हिस्से को पूरी तरह से नजरअंदाज करते हुए उसका ध्यान हमेशा नकद मुनाफे पर था। हुआ यूं कि सरकार ने 100CC बाइक्स पर सब्सिडी देने की घोषणा की, जिनमें खास चेसिस नंबर होते हैं। उसके प्रतिद्वंद्वियों ने सरकार से सब्सिडी का दावा किया, लेकिन रवींद्र ऐसा दावा करने में सक्षम नहीं था, क्योंकि उसने कभी बेचे गए वाहनों का हिसाब नहीं रखा और चेसिस नंबर की जानकारी बनाए रखने में भी असफल रहा। उनके प्रतिद्वंद्वियों ने तब नए ग्राहकों को कीमतों में गिरावट की पेशकश की, ग्राहकों को सब्सिडी का हिस्सा देकर लाभ उठाया, लेकिन रवींद्र ऐसा करने में सक्षम नहीं था। इस मुद्दे को सुलझाने के लिए रवींद्र को अपनी मानसिकता बदलनी पड़ी। उसने लेखांकन के लिए एक उचित तरीके का इस्तेमाल करने के महत्व को महसूस किया। उसने इस तरह की पद्धति को लागू करके लेखांकन शुरू किया और उसे पहले विक्रय किए गए वाहनों से जुड़ी जानकारी के लिए कंपनी से रिकॉर्ड से विवरण साझा करने का अनुरोध करना पड़ा। उसने अपनी गलती से सीखा, और उसके बाद, उचित लेखांकन विधियों का पालन करने में कभी असफल नहीं हुआ। आज, वह छोटी से छोटी जानकारी भी रिकॉर्ड करने की कोशिश करता है।

लेजर और पुष्टि (लेजर और कन्फर्मेशन)

अकाउंटिंग प्रोफेसर ने अपने लेक्चर में लेजर और कन्फर्मेशन के रखरखाव के महत्व के बारे में बताया।

लेजर और पुष्टिकरण महत्वपूर्ण हैं क्योंकि ये विक्रेताओं से शेष राशि की पुष्टि के बारे में अपडेट रखने में महत्वपूर्ण हैं, जो कि व्यवसाय की जीवन रेखा हैं। अगर आप नहीं जानते कि आपको विभिन्न विक्रेताओं को क्या भुगतान करना है और क्या प्राप्त करना है, तो निर्णय लेना बहुत कठिन होगा। वर्तमान युग में, सॉफ्टवेयर द्वारा विभिन्न लेजर स्वचालित रूप से तैयार किए जाते हैं, इसलिए ऐसा करने की कोई अलग ज़रूरत नहीं है। सामान्य रूप से बनाए गए विभिन्न प्रकार के बही-खाते एसेट्स, देनदारियां, आय, व्यय और पूंजी हैं। साथ ही, आयकर के अनुसार, खाते की पुस्तकों को बनाए रखने की आवश्यकता होती है, जिसमें अन्य पुस्तकों के अलावा खाता बही, डे बुक, कैश बुक, खाता-पुस्तिका शामिल होती है। इस तरह की लेखा पुस्तकें कर नियोजन के साथ-साथ व्यवसाय के विभिन्न कारकों में भी मदद करती हैं। ये पुष्टिकरण विक्रेताओं के बीच विवादों को सुलझाने में भी मदद करते हैं और समय-समय पर चेक-पॉइंट के रूप में मदद करते हैं। ये पुष्टि आकलन के समय भी मदद करती है। तीसरे पक्ष की पुष्टि के रूप में ऋण के मामले में, बहीखाता सबूत के रूप में काम करता है कि ये केवल पुस्तक प्रविष्टियां नहीं हैं। अगर खाता बही और पुष्टि नियमित रूप से नहीं की जाती है, तो भविष्य में, विक्रेताओं के साथ विवाद उत्पन्न हो सकता है। उदाहरण के लिए, अगर विक्रेता ने माल की गुणवत्ता के कारण मूल्य में कोई कटौती की है और अगर इसका पता बाद में चलेगा, तो इसके परिणामस्वरूप निर्णय लेने में देरी हो सकती है, जैसे उत्पाद में सुधार, विक्रेताओं को अपनी बात प्रस्तुत करना आदि। साथ ही, इस स्तर पर स्पष्टता होने पर भविष्य के विवादों से बेहतर तरीके से बचा जा सकता है।

लेखांकन प्रोफेसर ने अवधारणा की व्याख्या करते हुए, अपनी बात को बेहतर ढंग से समझाने के लिए निम्नलिखित उदाहरण दिया:

संजीव पेशे से डॉक्टर थे। उन्होंने अपने जन्मस्थान के पास एक क्लिनिक खोला। हालांकि, जल्द ही, उन्हें इस मूर्खता का एहसास हुआ। परिचितों के हर दिन आने वाले कॉलों की संख्या के कारण वह बहुत तनाव में था। ये कॉल मुख्य रूप से रिश्तेदारों, पड़ोसियों, दूर के दोस्तों, अधिकारियों आदि से उनके चिकित्सा मुद्दों या उनके किसी जानने वाले पर मुफ्त सलाह के लिए होती थीं। वह उन कॉल्स पर नियंत्रण रखना चाहता था, जो परेशान करने वाली थीं और यहां तक कि राजस्व पैदा करने वाली भी नहीं थीं। जब स्थिति बिगड़ी तो संजीव ने अपने सलाहकार से इस बारे में चर्चा की, जिन्होंने उन्हें कॉल रिकॉर्ड का भी हिसाब रखने के लिए निर्देशित किया। संजीव आश्वस्त हो गए और परामर्श कॉल के मिनटों का हिसाब रखना शुरू कर दिया और उन्होंने तीन निःशुल्क परामर्श कॉलों के बाद आने वाली कॉल के लिए इनवॉयस जनरेट करने की नीति बनाई। एक बार जब उन्होंने इस अभ्यास का पालन करना शुरू किया, तो एक महीने में परिणाम दिखाई देने लगे। अब वह कॉल पर परामर्श से पैसा कमाने में सक्षम थे और अपना समय भी बचा सकते थे।

वित्तीय विवरण (फाइनेंशियल स्टेटमेंट)

वित्तीय विवरण महत्वपूर्ण है क्योंकि यह आपको एक स्पष्ट तस्वीर देता है कि आपका व्यवसाय कहां जा रहा है। यह आपको यह विश्लेषण करने में मदद करता है कि व्यवसाय के मूल दोष कहां हैं ताकि आपको व्यावसायिक निर्णयों में सुधार का विकल्प मिल सके। यह हमेशा अनुशंसा की जाती है कि इसे नियमित रूप से जांचना चाहिए। इसे सिर्फ़ मन में न बनाएं; कलम और कागज का उपयोग करें, और उचित प्रणाली का पालन करें।

वित्तीय विवरणों में बैलेंस शीट, लाभ और हानि, अनुसूचियां और कैश फ्लो स्टेटमेंट शामिल हो सकते हैं। हालांकि, वित्तीय विवरणों को कानूनों और

कार्रवाइयों के अनुसार अलग-अलग तरीके से प्राप्त किया जा सकता है। इसके अलावा, स्टेटमेंट में कुछ अतिरिक्त नोट, अनुसूचियां और डिसक्लोजर हो सकते हैं। वर्तमान युग में वित्तीय विवरण तैयार करना काफी आसान है, क्योंकि यह प्रणाली आधारित है और लगभग सभी सॉफ्टवेयर एक उचित विधि का पालन करते हुए वित्तीय विवरण तैयार करते हैं। हालांकि, समापन अवधि के लिए कुछ प्रावधानों को करने की आवश्यकता है। प्रमाणपत्रों के लिए, विभिन्न विधियाँ हैं जिनका पालन करना आवश्यक है। इसलिए, चार्टर्ड एकाउंटेंट से अपने वित्तीय विवरणों का ऑडिट करवाना सबसे अच्छा है। अलग-अलग कानूनों और कार्रवाइयों में लेखा पुस्तकों के ऑडिट के लिए अलग-अलग शर्तें होती हैं। वित्तीय विवरण सिस्टम द्वारा ही तैयार किए जाते हैं, लेकिन आपको वित्तीय विवरणों के हर पहलू की पुष्टि करनी होती है ताकि खातों की किताबों में दर्ज करने के लिए कुछ भी न बचे। खाते की पुस्तकों को अंतिम रूप देने में आपको कुछ कौशल की ज़रूरत हो सकती है। इस काम के लिए दुनिया भर में सर्टिफाइड एकाउंटेंट स्वीकार किए जाते हैं। जब वित्तीय विवरण तैयार किया जाता है, तो इसे आयकर, जीएसटी, श्रम लाइसेंस कार्यालय, बिजली बोर्ड आदि जैसे सत्यापन के लिए विभिन्न स्तरों पर रिपोर्ट करने की आवश्यकता होती है। वित्तीय विवरणों को देखने और उससे अलग-अलग परिणाम प्राप्त करने के लिए हर किसी का एक अलग दृष्टिकोण होता है।

लाभ और हानि की गणना के विभिन्न तरीके

लाभ और हानि प्रकृति में भिन्न होते हैं क्योंकि विवरण देखने का उद्देश्य इकाई से इकाई और व्यक्ति से व्यक्ति में भिन्न होता है। कुछ लाभ पर ध्यान केंद्रित करते हैं और कुछ नकद लाभ पर। लाभ और हानि प्रकृति में अर्जित हो सकते हैं, जैसे सभी राजस्व जो उत्पन्न किया गया है और सभी व्यय जो उपार्जित या भुगतान करने के लिए प्रतिबद्ध थे, दर्ज किए जाएंगे कि क्या यह

भुगतान किया गया है, प्राप्त किया गया है, या लंबित है। लाभ और हानि विवरण प्राप्तियों और भुगतान के आधार पर भी तैयार किया जा सकता है, यानी केवल उन लेनदेन, जिनके लिए राजस्व प्राप्त हुआ है और भुगतान किया गया है, को नकद लाभ के रूप में माना जाता है। इसमें नकद संचय का एक और तरीका भी हो सकता है। एक अनंतिम लाभ और हानि तदर्थ विवरण है, जो प्रकृति में अलेखित है और इसमें परिवर्तन का प्रावधान है, जो 5% से 15% तक भिन्न हो सकता है। इस तरह के प्रावधान लाभ बैंकों के लिए प्रविष्टियों को बंद करने से पहले लाभप्रदता जानने के लिए बहुत ज़रूरी है, अगर कोई हो। प्रोजेक्शन प्रॉफिट स्टेटमेंट उस अवधि के लिए हैं जो पूरा नहीं हुआ है या भविष्य की अवधि के लिए है। यह एक ऐसा स्टेटमेंट है जो विभिन्न स्थितियों में भविष्य के लाभप्रदता परिदृश्यों का सार प्रस्तुत करता है। इसके अलावा, अलग-अलग कर क़ानून परिभाषित कानूनों और कार्रवाइयों के अनुसार लाभ और हानि की गणना करने के लिए वित्तीय विवरणों को प्राप्त करने के विभिन्न तरीकों को परिभाषित करते हैं। स्टेटमेंट तैयार करने के विधियों और उद्देश्य को जानकर लाभ और हानि के विभिन्न तरीके तैयार किए जाते हैं। इस तरह के स्टेटमेंट तैयार करने का विस्तृत कारण जानकर ही इसे तैयार किया जा सकता है। यदि अलग-अलग लाभ और हानि तैयार नहीं की जाती है, तो कर देयता की गणना अलग-अलग हो सकती है, अनुपात भिन्न हो सकते हैं, अनुमान सटीक नहीं हो सकते हैं, आदि, जो व्यवसाय के वित्तीय स्वास्थ्य के लिए अच्छे नहीं हैं।

एसेट्स और इन्वेंटरी में अंतर

आप जो कुछ भी खरीदते हैं वह बेचने के लिए नहीं है। अगर आप घर खरीदते हैं, तो यह पुनर्विक्रय के लिए नहीं है। इसी तरह की कई खरीदारी की गई है, जो भविष्य में लाभ सुनिश्चित करेगी। इनमें मशीनरी और फर्नीचर जैसी संपत्तियां शामिल हैं, जिन्हें पुनर्विक्रय न करने के इरादे से खरीदा जाता है, ऐसी

संपत्तियों को फर्नीचर के तहत क्लब किया जाएगा। मान लीजिए, आप ऑटोमोबाइल उद्योग में हैं और आपने व्यावसायिक उपयोग के लिए एक कार खरीदी थी, तो यह एक निश्चित संपत्ति होगी। लेकिन अगर आपने इसे पुनर्विक्रय के लिए खरीदा था, तो इसे इन्वेंट्री के साथ जोड़ा जाएगा। इसलिए, आपको अपने व्यवसाय में इन्वेंट्री और अचल संपत्तियों के बीच अंतर को समझना होगा। यह अलगाव महत्वपूर्ण है, क्योंकि संपत्ति का मूल्यह्रास होता है, जबकि इन्वेंट्री नहीं होता है। विभिन्न मूल्यह्रास पद्धतियां हैं जैसे स्ट्रेट लाइन मेथड, रिटेन डाउन वैल्यू आदि। यह मूल्यह्रास महत्वपूर्ण है क्योंकि खरीदी गई किसी भी संपत्ति का मूल्य बाद के चरण में कम होना तय है। अगर ऐसा नहीं किया जाता है, तो हो सकता है कि आपने उचित लाभ प्राप्त नहीं किया हो, जो बाद में परिसंपत्ति निर्माण के माध्यम से आपका मार्गदर्शन करेगा।

लेखा पुस्तकें

सरकारी प्राधिकरणों, स्वयं के उपयोग, आंतरिक नियंत्रणों, बैंकों, सरकारी प्राधिकरणों, निर्णय लेने, शेयरधारकों आदि जैसे विभिन्न उद्देश्यों के लिए खाता बही का रखरखाव किया जाता है। खाते की पुस्तकों में क्रय बही, बिक्री बही, रोकड़ बही, बैंक बही आदि शामिल हो सकते हैं। यह कानून की ज़रूरत के अनुसार बढ़ सकता है। इसमें वेतन पत्रक, मजदूरी रजिस्टर और श्रम लाइसेंस के लिए उपस्थिति रजिस्टर भी हो सकता है। इसलिए खाता मानदंड की पुस्तकें केवल वित्तीय विवरणों तक ही सीमित नहीं हैं; यह कभी-कभी आवश्यकताओं के अनुसार फैलता है। वर्तमान युग में, इन खातों की पुस्तकों का रखरखाव ऑनलाइन मोड में किया जाता है। लगभग हर मानक सॉफ्टवेयर संबंधित कानूनों द्वारा आवश्यक खातों की किताबें प्रदान करने की व्यवस्था प्रदान करता है। खातों की ये पुस्तकें रिटर्न के लिए आवश्यक डेटा प्राप्त करने में भी मदद करती हैं। अगर इनका रखरखाव नहीं किया जाता है, तो व्यवसाय की निरंतरता थोड़ी कठिन हो जाती है, और नियमित अंतराल पर

डेटा लाने और तैयार करने के लिए बहुत सारी जनशक्ति और लागत बर्बाद हो जाएगी। सुचारू संचालन और संसाधनों का इष्टतम उपयोग उचित लेखांकन से ही संभव है।

अकाउंटिंग का कोर्स पूरा करने के बाद पारस बिजनेस के अलग-अलग पहलुओं को समझ पाया। इस कोर्स को करने में उसने जो समय और प्रयास लगाया था, वह रंग ला रहा था क्योंकि अब वह देख सकता था कि उत्पाद और मार्केटिंग के अलावा व्यवसाय चलाने और विकसित करने के लिए वह कहां कमजोर पड़ रहा था। उसने इसे अपने दिन-प्रतिदिन के व्यावसायिक मामलों में लागू करना शुरू कर दिया और खातों की पुस्तकों को अपने दम पर बनाना शुरू कर दिया। इसके अलावा, अब उसके तीन सलाहकार थे - सचिन, कंसलटेंट, और लेखा प्रोफेसर। हालांकि, उसका व्यवसाय अटका हुआ था क्योंकि उसके पास स्टॉक वेरिएंट खरीदने और विक्रेताओं द्वारा दी जाने वाली भारी छूट अर्जित करने के लिए पर्याप्त धन नहीं था। इसे समझने के लिए, पारस ने अपने बैंक जाने और बैंकर से चर्चा करने का फैसला किया।

सारांश:

> ➢ हर प्रक्रिया के लिए एक प्रणाली तैयार करना जरूरी है, और इसके लिए प्रत्येक व्यावसायिक लेनदेन को रिकॉर्ड करने के लिए एक कुशल कार्यप्रणाली की जरूरत होती है।
> ➢ वैसे तो आपको लेखांकन के लिए व्यय करने की आवश्यकता है, यह कई कारकों जैसे— या तो खाता बही का मिलान, करों का भुगतान, या जांच आदि के माध्यम से संसाधनों को बचाने में मदद करता है।
> ➢ उचित लेखांकन ही वास्तविक वित्तीय विवरण प्राप्त करने में मदद कर सकता है। लेखांकन में थोड़ी सी भी गलती होने पर, इससे विभिन्न स्तरों पर नुकसान हो सकता है।

- ➤ व्यापार में लेखांकन की मूल बातें अत्यंत महत्वपूर्ण हैं क्योंकि यह एकमात्र रस्सी है जो व्यवसाय के घोड़ों को नियंत्रित करती है। इसकी अनुपस्थिति में, व्यापारिक घोड़े नियंत्रण से बाहर हो जाएंगे और उन स्थानों पर ले जाएंगे जो इतने महत्वपूर्ण नहीं हैं।
- ➤ लेखांकन जितना अधिक परिपूर्ण होगा, व्यवसाय उतना ही नैतिक होगा। इसके अलावा, विभिन्न स्तरों पर उचित निर्णय लेने के लिए अधिक डेटा उपलब्ध होगा।

गतिविधियां:

- ➤ उस प्रक्रिया को पहचानें जिसे आप अपना रहे हैं या अपनी प्रक्रिया में अपनाया है।
- ➤ स्कैच से प्रत्येक चरण को सूचीबद्ध करें।
- ➤ सर्वोत्तम प्रथाओं का पता लगाएं।
- ➤ अपनी प्रक्रियाओं को बदलें जो आपके व्यवसाय के अनुरूप हों।
- ➤ उसके क्रियान्वयन के बाद बार-बार जांच करें।

"अच्छी बैंकिंग का उत्पादन अच्छे कानूनों द्वारा नहीं, बल्कि अच्छे बैंकरों द्वारा किया जाता है।"

- हार्टले विथर्स।

पारस के बैंकर राष्ट्रीयकृत बैंक में मुख्य प्रबंधक थे। पारस ने छोटे से बैंक तक की अपनी यात्रा के बारे में बताया और अपने अगले मील के पत्थर को हासिल करने में बैंकर से मदद मांगी। पारस के अनुरोध पर उन्होंने बैंकिंग के विभिन्न पहलुओं के बारे में उनका मार्गदर्शन किया और बैंक और सरकार की नीतियों के अनुसार उपलब्ध योजनाओं के बारे में भी बताया।

बैंक खातों के प्रकार

विभिन्न प्रकार के बैंक खाते हैं, क्योंकि बैंक खातों का उपयोग व्यक्ति से व्यक्ति में भिन्न होता है। उदाहरण के लिए, एक वेतनभोगी व्यक्ति के पास व्यापार कार्यकारी की तुलना में बहुत कम लेनदेन होंगे। इसलिए, ग्राहकों के उपयोग के अनुसार, विभिन्न प्रकार के खातों को बैंक द्वारा नियमित अंतराल पर अनुकूलित किया जाता है।

मुख्य रूप से चार प्रकार के खाते हैं:

1) बचत खाता। यहां, बैंक बनाए गए बैंक बैलेंस पर ब्याज प्रदान करता है, लेकिन प्रति माह अनुमत लेनदेन की संख्या सीमित है। इस खाते में कोई बिक्री और खरीद लेनदेन की अनुमति नहीं है। यह आमतौर पर व्यक्ति के नाम पर खोला जाता है।

2) चालू खाता। इस प्रकार के खाते में बैंक, ग्राहकों द्वारा जमा की गई शेष राशि पर ब्याज नहीं देता है। हालांकि, बैंक एक महीने में अधिक संख्या में

लेनदेन की अनुमति देता है। ये खाते मुख्य रूप से फर्म के नाम से खोले जाते हैं, जिसके माध्यम से ग्राहक व्यवसाय कर रहा होता है।

3) नकद क्रेडिट खाता। यह वह खाता है, जहां बैंक ग्राहक को एक निश्चित सीमा प्रदान करता है और स्वीकृत सीमा पर ब्याज लेता है। ग्राहक इस खाते से अपने टर्नओवर को रूट करने के लिए बाध्य हैं।

4) ओवरड्राफ्ट खाता। यह खाता ग्राहकों पर कुछ सीमाएं लगाता है, लेकिन ग्राहक को अपने टर्नओवर को अन्य खातों से रूट करने की छूट देता है।

कई और प्रकार के खाते उपलब्ध हैं। इसलिए, खाता खोलने से पहले, आपको उस खाते की प्रकृति को समझ लेना चाहिए जिसकी आपको आवश्यकता है। अगर आप खाते की गलत प्रकृति चुनते हैं, तो आपको बैंक शुल्क या बैंक ब्याज के समान अतिरिक्त लागत का भुगतान करना पड़ सकता है। आपको इनकम टैक्स से भी मुश्किलों का सामना करना पड़ सकता है। उदाहरण के लिए, यदि आप बचत खाते से अपने नकद टर्नओवर को रोटेट करते हैं, तो इसके 10 लाख के पार होने के बाद, बैंक विशिष्ट वित्तीय लेनदेन (SFT) रिटर्न के माध्यम से आयकर की सूचना देगा। बाद के चरण में, आयकर इसके कारण की जांच कर सकता है।

ऋण की किस्में

ऋण के उपयोग के उद्देश्य के आधार पर ऋण की विभिन्न किस्में हैं। उदाहरण के लिए, परिसंपत्ति निर्माण के लिए, या वस्तु-सूची की खरीद के लिए ऋण की आवश्यकता हो सकती है। तदनुसार, विभिन्न प्रकार के ऋणों की ज़रूरत होगी।

मुख्य रूप से, ऋण दो प्रकार के होते हैं: सावधि ऋण, और सीमा ऋण (नकद क्रेडिट/ओवरड्राफ्ट)। टर्म लोन मुख्य रूप से एसेट जेनरेशन के लिए प्रदान

किया जाने वाला लोन है, जैसे कि प्लांट और मशीनरी की खरीद, कार की खरीद, घर की खरीद आदि। इस ऋण का पुनर्भुगतान समान मासिक किस्त (ईएमआई) के आधार पर किया जाता है। अन्य ऋण प्रकार कैश क्रेडिट (सीसी) सीमा है, जिसका उपयोग कार्यशील पूंजी के लिए किया जाता है। वर्किंग कैपिटल करंट एसेट्स माइनस करंट लायबिलिटीज के बराबर है। इसकी गणना निम्न तरीके से की जा सकती है:

खाता प्राप्य	XXX
+ इन्वेंटरी	XXX
+ नकद और बैंक	XXX
कुल वर्तमान संपत्ति (ए)	XXX
बैंक सीसी	XXX
+ विविध लेनदार	XXX
कुल वर्तमान देनदारियां (बी)	XXX
कार्यशील पूंजी (ए-बी)	XXX

ज्यादातर मामलों में, स्टॉक के मूल्य का 75% बैंक का होगा, और स्टॉक के मूल्य का 25% उधारकर्ता का होगा। आप इन ऋणों के लिए सीधे बैंक में या विभिन्न पोर्टल्स के माध्यम से आवेदन कर सकते हैं जो एक मध्यस्थ के रूप में काम करते हैं। आवश्यक दस्तावेज़ ऋण के प्रकार और आवेदन किए गए ऋण की राशि से भिन्न होते हैं। हालांकि, आवश्यक कुछ सामान्य दस्तावेज़ पैन, आधार, आईटीआर, जीएसटी रिटर्न और वित्तीय विवरण हैं। अगर संपत्ति बंधक पर दी जाती है, तो ऐसे बंधक के दस्तावेजों की भी ज़रूरत होती है।

बैंक से बैंक तक, उधारकर्ता से उधारकर्ता और योजना से योजना तक, ऋण प्रलेखन भिन्न हो सकते हैं। अगर उचित प्रकार का ऋण नहीं चुना जाता है, तो व्यवसाय प्रभावित हो सकता है। उदाहरण के लिए, यदि आपने इन्वेंट्री के लिए लोन लिया था और टर्म लोन का विकल्प चुना था, तो समय के साथ-साथ लोन कम हो जाएगा और साथ ही, इन्वेंट्री बनाए रखने की आपकी क्षमता भी कम हो जाएगी।

जब पारस थोड़ा भ्रमित दिखे, तो बैंकर ने उन्हें निम्नलिखित उदाहरण देकर समझाया:

समीर अपने स्वयं के भवन में मिष्ठान्न वस्तुओं का कारोबार कर रहा था, लेकिन वह अपने व्यावसायिक परिसर के आकार से खुश नहीं था। इसलिए, उन्होंने अपने लक्ष्यों को प्राप्त करने के लिए ऋण के लिए बैंक से संपर्क किया। समीर किसी भी तरह से नए परिसर के लिए धन प्राप्त करने के लिए बेताब था। बैंक से अपनी लक्ष्य राशि प्राप्त करने के लिए, उन्होंने कैश क्रेडिट के लिए सहमति व्यक्त की, जहां कार्यशील पूंजी के लिए ऋण राशि का उपयोग किया जाएगा। लेकिन ऋण का उद्देश्य संपत्ति का निर्माण करना था। वैसे भी समीर को बैंक से कैश क्रेडिट के रूप में धन प्राप्त हुआ था, लेकिन वह वांछित कार्यशील पूंजी को बनाए रखने में सक्षम नहीं था। इसलिए, बैंक ने ऋण के उद्देश्य में परिवर्तन के लिए दंडात्मक शुल्क लगाया। इसके अलावा, आयकर ने कार्यशील पूंजी सीमा के नीचे स्टॉक के कारणों को बताते हुए मूल्यांकन किया। इसे ठीक करने के लिए, समीर को भविष्य की आपात स्थितियों के लिए आरक्षित अपने स्वयं के धन को लगाकर फर्म में कार्यशील पूंजी को बढ़ाना पड़ा। चूंकि लोन फंड के प्रकार और अन्य कारकों के बारे में समीर ने कभी नहीं जाना और समझा था, इसलिए उसे विभिन्न अधिकारियों से जुर्माने के रूप में पैसे गंवाने पड़े।

ऋण और नवीनीकरण को संभालना

लोन को सावधानी से हैंडल करना जरूरी है, क्योंकि नेट प्रॉफिट का एक बड़ा हिस्सा बैंक खुद ले लेता है। उदाहरण के लिए, आपका सकल लाभ 20% है, और आपने 12% की दर से ब्याज पर ऋण लिया है, तो आपके पास शुद्ध लाभ का 8% शेष रह जाएगा। इसलिए, आपके लाभ अनुपात का एक बड़ा हिस्सा बैंक की ब्याज दर पर निर्भर करता है। साथ ही, एक बात का भी ध्यान रखा जाना चाहिए कि यदि आपको नवीनीकरण और दस्तावेज़ जमा करने में देरी होती है, तो बैंक दंड शुल्क लगा सकता है जो आपकी लाभ क्षमता को प्रभावित कर सकता है। इसलिए, व्यवसाय में अनुशासन जरूरी है। ऋण के नवीकरण के लिए आवश्यक दस्तावेज मंजूरी के समय प्रदान किए गए दस्तावेजों के समान हैं। बैंक वित्तीय संकेतकों के माध्यम से व्यवसाय के स्वास्थ्य की भी जांच करता है, जिसे मुख्य रूप से अनुपात (रेशियो) के रूप में जाना जाता है। अगर आप पूछते हैं कि ऋण को कैसे संभालना है, तो यह हमेशा सुझाव दिया जाता है कि जब आप सूक्ष्म और लघु उद्योग के मानदंड में हों तो व्यक्तिगत स्तर पर ऋण को संभालें, जबकि जब आप मध्यम या बड़े स्तर पर हों, तो आप एक सलाहकार से संपर्क कर सकते हैं, क्योंकि वे सौदेबाजी करने और विभिन्न बैंकों के मालिकों से लाभ प्राप्त करने में विशेषज्ञ हैं। अगर आप लोन को ठीक से हैंडल नहीं कर पा रहे हैं तो आपको बैंकों द्वारा विभिन्न दंडात्मक कार्रवाइयों का सामना करना पड़ सकता है, जिसका सीधा असर कंपनी के लाभ पर पड़ेगा।

क्रेडिट रेटिंग का महत्व, सीबिल (CIBIL)

बैंक यह सुनिश्चित करने के लिए क्रेडिट सूचना रिपोर्ट और अन्य रेटिंग सिस्टम का उपयोग करता है कि आप अपने द्वारा लिए गए ऋण का पुनर्भुगतान कैसे

करेंगे। विभिन्न खातों का आकलन करने पर, एक क्रेडिट स्कोर उत्पन्न होता है, जो बैंक से ऋण का आकलन करने के लिए महत्वपूर्ण होता है। इस क्रेडिट स्कोर को सावधानी से बनाए रखने की जरूरत है क्योंकि इससे बैंक को डेटा उपलब्ध कराने में मदद मिलती है, जिसके आधार पर बैंक लोन प्रदान करता है। आप अपनी क्रेडिट सूचना रिपोर्ट का विश्लेषण स्वयं या एजेंसियों की सहायता से कर सकते हैं। यह उचित पेलोड तक पहुंचने में भी मदद करता है। अगर आपकी क्रेडिट सूचना रिपोर्ट और रेटिंग ठीक से नहीं रखी जाती है, तो बैंक आपके ऋणों को अस्वीकार कर सकता है और यहां तक कि उधारकर्ता को पहले से प्रदान किए गए ऋण को वापस मांग सकता है।

अनुपात और अन्य संकेतक

अनुपात और अन्य संकेतक महत्वपूर्ण हैं क्योंकि वे व्यवसाय के स्वास्थ्य को सुनिश्चित करते हैं। उदाहरण के लिए, यदि शुद्ध लाभ हानि दिखा रहा है, तो बैंकर अपने भविष्य के पुनर्भुगतान को सुनिश्चित नहीं कर सकते हैं और ऋण से इनकार कर सकते हैं। इसलिए, बैंक और अन्य संस्थान ऋण प्रदान करने से पहले कुछ अनुपातों की जांच करते हैं। एक सूचक मैक्सिमम परमिसबल बैंक फाइनेंस (एमपीबीएफ) है। यह कार्यशील पूंजी मूल्यांकन की विधि है, जिसका मूल्यांकन टर्नओवर और कार्यशील पूंजी के आधार पर किया जाता है। इस आउटपुट में भिन्नताएं बैंकिंग योजनाओं और दिशानिर्देशों के अनुसार भिन्न होती हैं। विभिन्न अनुपात क्रेडिट मॉनिटरिंग अरेंजमेंट (सीएमए डेटा) रिपोर्ट से प्राप्त होते हैं, जैसे सकल लाभ अनुपात, शुद्ध लाभ अनुपात, वर्तमान अनुपात, स्टॉक टर्नओवर अनुपात, ऋण सेवा कवरेज अनुपात, ऋण-इक्विटी अनुपात, आदि। एक अन्य महत्वपूर्ण गणना में 'ड्राइंग पावर' शामिल हो सकती है। यह कार्यशील पूंजी राशि सुनिश्चित करता है जिसे उधारकर्ता द्वारा बनाए रखने की ज़रूरत होती है।

विवरण	राशि रुपये में
इन्वेंटरी	5,00,000
प्राप्य खाते	5,00,000
कुल	10,00,000
कम खाते देय	2,50,000
कार्यशील पूंजी	7,50,000
कम मार्जिन मान लें 30%	2,25,000
बैंक द्वारा अनुमत आहरण शक्ति	5,25,000

जब आप नियमित अंतराल पर वित्तीय विवरण तैयार करते हैं तो इन सभी पर नजर रखी जाती है। साथ ही, बैंक वित्तीय स्वास्थ्य की लगातार जांच करने में मदद करता है और आपको प्रारंभिक चेतावनी संकेत देता है। ऐसे में बैंक बिजनेस के फ्री कंसल्टेंट के तौर पर काम करता है। अगर अनुपात बनाए नहीं रखा जाता है, तो बैंक द्वारा ऋण भी कम किया जा सकता है। उदाहरण के लिए, एक उधारकर्ता के पास 10 लाख रुपये का सीसी है। तदनुसार, उधारकर्ता को 12.50 लाख इन्वेंट्री बनाए रखने की ज़रूरत है। अगर वह ऐसा करने में विफल रहता है और सिर्फ़ 10 लाख रुपये की सूची रखता है, तो बैंक सीमा को 7.50 लाख रुपये तक कम कर सकता है।

प्राथमिक और संपार्श्विक (कोलैटरल) सुरक्षा आवश्यक है

निर्दिष्ट सरकार या बैंक योजनाओं के अलावा अन्य के मामले में, सभी ऋणों को कुछ सुरक्षा द्वारा समर्थित करने की ज़रूरत होती है, जिसमें प्राथमिक सुरक्षा और संपार्श्विक (कोलैटरल) सुरक्षा शामिल होती है। इन प्रतिभूतियों को बैंक द्वारा ऋण की चुकौती सुनिश्चित करने के लिए रखा जाता है। डिफ़ॉल्ट के मामले में, बैंक ऐसी प्रतिभूतियों से वसूली करता है। इस प्रकार, प्राथमिक

और संपार्श्विक प्रतिभूतियां ऋण की रीढ़ हैं। बैंकों ने अधिवक्ताओं को सूचीबद्ध किया है, जो उधारकर्ता द्वारा प्रदान किए गए दस्तावेजों की मदद से इन प्रतिभूतियों को सत्यापित करते हैं, जिसमें संपत्ति के कागजात, शीर्षक विलेख, भूमि रसीदें, नगरपालिका रसीदें, नक्शे आदि शामिल हो सकते हैं। दस्तावेजों की पुष्टि करने के बाद, अधिवक्ता बैंक को रिपोर्ट प्रस्तुत करता है कि संपत्ति सुरक्षा में रखने के योग्य है या नहीं। प्रदान की गई प्रतिभूतियों का सत्यापन समय-समय पर बैंक की नीतियों और सुरक्षा की प्रकृति के अनुसार किया जाता है, ताकि यह सुनिश्चित किया जा सके कि उधारकर्ता को दिए गए ऋण की अवधि में संपत्ति के कानूनी अधिकार नहीं बदले हैं। पुनर्भुगतान सुनिश्चित करने के लिए, बैंक ऐसी संपत्ति को बैंक के पक्ष में गिरवी रख देता है।

विभिन्न प्रकार के बंधक हो सकते हैं, लेकिन बैंक मुख्य रूप से साधारण बंधक या न्यायसंगत बंधक का उपयोग करता है। एक साधारण बंधक में, उधारकर्ता और बैंक के बीच समझौता पंजीकृत होता है, जबकि समान बंधक के मामले में, संपत्ति का टाइटल विलेख बैंक को दिया जाता है। कानूनी सत्यापन बैंक द्वारा अनुमोदित बैंक दिशानिर्देशों के माध्यम से पैनलबद्ध अधिवक्ताओं की सहायता से किया जाता है। अगर उधारकर्ता द्वारा संपत्ति की वैधता को मंजूरी नहीं दी जाती है, तो बैंक ऋण आवेदन को अस्वीकार भी कर सकता है या ऋण राशि को कम कर सकता है।

बैंकर ने संदर्भ को बेहतर ढंग से समझाने के लिए पारस को निम्नलिखित उदाहरण दिया:

विजय की किराना सामग्री की खुदरा दुकान थी और वह काफी समय से उसी गति से काम कर रहा था। हालांकि, धन की कमी के कारण वह खुद को विकसित करने में असमर्थ था; वह जो कुछ भी कमाता था उसका उपयोग घर के खर्च के रूप में करता था। केवल एक चीज जो बढ़ रही थी वह थी मूल्य

मुद्रास्फीति और अन्य कारकों के कारण टर्नओवर। अब विजय इस ठहराव को दूर करना चाहता था। इसे हल करने के लिए, उसे धन की ज़रूरत थी। हालांकि उसने अपने दोस्तों और रिश्तेदारों से धन इकट्ठा करने की कोशिश की, लेकिन वह ऐसा करने में असमर्थ रहा। तब एक दोस्त ने उसे बैंक से संपर्क करने की सलाह दी। हालांकि पहले तो विजय झिझक रहा था, लेकिन विजय जानता था कि उसके पास कोई विकल्प नहीं है। जब वह एक सार्वजनिक क्षेत्र के बैंक में गया और स्थिति के बारे में बताया, तो उसे आश्चर्य हुआ कि बैंक उसे सरकार द्वारा सुरक्षा पर ऋण देने के लिए तैयार था, जो कि ₹2 करोड़ तक था, लेकिन उसने ₹20 लाख का ऋण लिया। इस ऋण के साथ, वह अपने व्यवसाय का विस्तार करने और अधिक कमाने में सक्षम था। तब से, साल-दर-साल, उनकी विकास दर दोगुनी हो गई। बैंकिंग लेनदेन में उसके संतोषजनक प्रदर्शन के कारण बैंक भी उनका समर्थन कर रहा था। आखिरकार, उसने महसूस किया कि बैंक से ऋण लेना उसका सबसे अच्छा निर्णय था।

मूल्यांकन

एक बैंक सिर्फ़ कानूनी दस्तावेजों और वित्तीय रिपोर्टों के आधार पर ऋण प्रदान नहीं करता है। प्रदान की गई सुरक्षा का मूल्यांकन भी किया जाना चाहिए, जो बैंक मानदंडों के अनुसार ऋण कवरेज के मूल्य की पहचान करता है। भूमि और भवन के मूल्यांकन के लिए आवश्यक दस्तावेजों में क्रय विलेख, स्वीकृत योजनाएं, नवीनतम बिजली बिल, संपत्ति कर रसीदें, फोटो, देशांतर और अक्षांश या सीमाएं आदि शामिल हो सकते हैं। बाद में, प्रमाणित मूल्यांकनकर्ता द्वारा भौतिक सत्यापन किया जा सकता है। इसके लिए मूल्यांकनकर्ता प्रति संपत्ति एक सप्ताह का समय ले सकता है और रिपोर्ट बैंक को प्रस्तुत कर सकता है। यह मूल्यांकन सिर्फ़ बैंक द्वारा नियुक्त मूल्यांकनकर्ता द्वारा और बैंक की नीति के अनुसार किया जा सकता है। मूल्यांकन मुख्य रूप से बाजार मूल्य और सरकारी मूल्य के औसत पर निर्भर

करता है। हालांकि, मूल्यांकन पूरी तरह से बैंक की नीतियों और दिशानिर्देशों पर निर्भर करता है। अगर मूल्य का ठीक से मूल्यांकन नहीं किया जाता है, तो ऋण मूल्य में गिरावट आ सकती है, जो परियोजना को प्रभावित कर सकती है।

बैंकर के साथ चर्चा करने के बाद, पारस ने बैंक वित्त के लिए वांछित दस्तावेजों की व्यवस्था करना शुरू कर दिया। लेकिन जब उसे समस्याओं का सामना करना पड़ रहा था, तो उसने अपने गुरु, सचिन से अनुरोध किया कि वे उसे धन और दस्तावेजों की व्यवस्था करने में मदद करें, ताकि उसका व्यवसाय इतना बढ़ सके कि कम से कम उसकी दुकान पूरी तरह से चल सके।

सारांश:

> आपके द्वारा खोले गए बैंक खातों की प्रकृति और प्राप्त ऋण की प्रकृति को समझना अपरिहार्य है। उसी को जानने के बाद, खातों और निधियों का तदनुसार उपयोग किया जाना चाहिए।

> वित्तीय संस्थानों से ऋण की पूछताछ के मामले में, क्रेडिट रेटिंग में गिरावट आती है, जो व्यवसाय के वित्तपोषण की सीमा को प्रभावित कर सकती है। इसलिए, किसी भी संस्थान से पूछताछ करने से पहले, आवश्यक ऋण का प्रकार और राशि सुनिश्चित की जानी चाहिए।

> प्रतिभूति ऋण में महत्वपूर्ण कारक हैं। जिस संपत्ति में आप रह रहे हैं, उसे गिरवी रखने का निर्णय लेने से पहले आपको उसके बारे में बार-बार सोचना चाहिए, क्योंकि उस संपत्ति पर आपके सफल व्यवसाय का खतरा होगा।

> प्रतिभूतियों का मूल्यांकन बैंक द्वारा अनुमत ऋण की मात्रा तय करता है। इसलिए, सिर्फ़ अनुमान और कानूनी औपचारिकताएं ऋण के लिए पर्याप्त नहीं हैं। बैंक सुरक्षा मूल्यांकन एक महत्वपूर्ण भूमिका निभाते हैं, क्योंकि अगर बैंक से मध्यम राशि का ऋण लिया जाता है, तो परियोजना में बाधा आ सकती है।

गतिविधियां:

➢ सलाहकारों द्वारा तैयार दस्तावेजों के साथ एक चालू खाता खोलें।
➢ अगर आवश्यक हो तो ऋण के उद्देश्य को पहचानें।
➢ बैंक के साथ उपलब्ध विभिन्न योजनाओं के बारे में अपने बैंकर के साथ चर्चा करें और अपने व्यावसायिक परिदृश्य के अनुकूल सर्वोत्तम योजनाओं को खोजें।
➢ ऋण के लिए आवेदन करें और प्रक्रिया को जारी रखें, क्योंकि आपको अपना ऋण प्राप्त हो या नहीं, बैंकर यह सुनिश्चित करेगा कि आप हर चरण में दस्तावेजों को पूरी तरह से बनाए रखें।
➢ फंड का स्मार्ट तरीके से उपयोग करें।

अध्याय 8-बाहरी निधि या देनदारियां

"ऋण कोकीन की तरह है। अगर यह आदत बन जाती है तो यह आपको मार देगा। इक्विटी गाजर की तरह है। यह आदत बन जाए तो यह आपको स्वस्थ बना देगा। " — रघु वेंकटेश

हालांकि सचिन अपने स्वास्थ्य को लेकर कठिन समय बिता रहे थे, पारस ने सचिन को अपने व्यवसाय में निवेश करने के लिए कहा क्योंकि वह अच्छा कर रहे थे। इसके अलावा, इससे उन्हें अपने मेडिकल बिलों की देखभाल करने में भी मदद मिलेगी। सचिन ने समय के साथ पारस के विकास को देखा था और उनकी भी यही राय थी। एक निवेशक के तौर पर उन्हें अपनी चिकित्सा त्रासदी से ध्यान हटाने में भी मदद मिलेगी। जैसे, उस समय में, उनका स्वास्थ्य स्थिर था। इसलिए, सचिन ने पारस के व्यवसाय में निवेश करने और खुद को फिर से मौका देने का फैसला किया। उन्होंने इसे पारस के सपनों के साथ अपने जुनून को पंख देने के अवसर के रूप में देखा। सचिन, पारस को धन जुटाने के महत्व के बारे में समझाना चाहते थे। उन्होंने बाहरी फंड या देनदारियों के बीच अंतर को समझाया, जिससे पारस को विभिन्न फंडिंग अवसरों को समझने में मदद मिली।

शेयर / फंड के प्रकार

बैंक लोन के अलावा अन्य स्रोतों से भी फंडिंग की व्यवस्था की जा सकती है। उसके लिए, आवश्यक फंड के उद्देश्य के आधार पर विभिन्न प्रकार के शेयर और फंडिंग विकल्प हैं। बाहरी निधि उधार ली गई निधि से स्वामित्व वाली निधि के बीच की आधार रेखा है। विभिन्न नामों के साथ प्रतिशत के विभिन्न स्तरों को सौंपा गया है।

उधार ली गई निधि ----------------------------- स्वामित्व वाली निधि

0---------100%

मुख्य प्रकार के फंड, जो मुख्य रूप से सरल व्यावसायिक परिदृश्यों में उपयोग किए जाते हैं, इक्विटी फंडिंग, डेट फंडिंग और सरकारी फंडिंग हैं। हर तरह के फंड के अलग-अलग फायदे और नुकसान हैं। इक्विटी फ़ंडिंग शेयरों या स्वामित्व की बिक्री के माध्यम से फ़ंडिंग है, इसलिए इकाई पर इसे चुकाने का दबाव नहीं होगा। वहीं दूसरी ओर, डेब्ट फंडिंग धन की राशि उधार लेने की फंडिंग है, जिसे एक सहमत भविष्य की तारीख में ब्याज के साथ चुकाया जाता है। उचित फंड तय करने के लिए, आपकी व्यावसायिक आवश्यकता को समझने की जरूरत है, और तदनुसार, इस तरह के फंड को इकट्ठा किया जाता है। आइए एक नई फर्म के दृष्टिकोण से समझें। जब एक फर्म ने अभी शुरुआत की है, तो उधार ली गई निधि रखना बेहतर है, क्योंकि प्रारंभिक अवस्था में, फर्म का मूल्यांकन बहुत कम होगा। यदि निर्णय उचित स्तर और समय पर नहीं लिया जाता है, तो इकाई कम मूल्यांकन के साथ अपना स्वामित्व खो सकती है, जो व्यवसाय को प्रभावित कर सकती है।

क्रेडिटर्स फंड

लेनदारों का फंड (क्रेडिटर्स फंड) व्यवसाय में सबसे महत्वपूर्ण है क्योंकि वे ज्यादातर एक विशिष्ट समय तक ब्याज मुक्त होते हैं, हालांकि वे आपको धनवापसी के दबाव में रखते हैं, जिसमें व्यवसाय बनने की प्रबल संभावना है। विभिन्न प्रकार के लेनदारों के फंड हैं। उदाहरण के लिए, लेन-देन के समय, आपके पास उत्पाद की कुछ उच्च लागत के साथ उच्च भुगतान अवधि का सौदा हो सकता है, या आप उसके उत्पाद के एकमात्र वितरक बन सकते हैं

जो अधिक मदद करेगा। अपने व्यवसाय मॉडल पर भरोसा करें। वह एक उच्च क्रेडिट अवधि प्रदान कर सकता है क्योंकि आप उसके उत्पाद का विपणन भी करेंगे। इसके अलावा, आपके पास एक सौदा हो सकता है जहां आपूर्तिकर्ता एक निश्चित अवधि के लिए अपना माल देता है। यहां, अगर माल निर्धारित समय में नहीं बेचा जाता है, तो आपूर्तिकर्ता किसी भी समय अपने उत्पादों को वापस ले सकता है। इस पद्धति का उपयोग बाजार में किया जाता है। यह आपूर्तिकर्ताओं के साथ इकाई के संबंधों के साथ भी भिन्न होता है। उत्पाद की प्रकृति, उत्पाद की उपलब्धता, उत्पाद का चक्र, आपूर्तिकर्ता के साथ संबंध आदि के आधार पर क्रेडिट शर्तों की अवधि पूरी तरह से भिन्न होती है। सामान्य तौर पर, 30-90 दिनों का बाजार रुझान प्रचलित है। पहले के भुगतान के मामले में, आपूर्तिकर्ता नकद छूट भी प्रदान करते हैं। इस मॉडल का सबसे महत्वपूर्ण लाभ यह है कि यह ब्याज मुक्त है और थोड़ा आसानी से उपलब्ध है। लेकिन यहां पेंच यह है कि इस मॉडल को तभी लागू किया जा सकता है जब आप आपूर्तिकर्ताओं के साथ एक स्वस्थ व्यापारिक संबंध बनाते हैं। अगर इस पद्धति का उपयोग नहीं किया जाता है, तो आपका लाभ प्रतिशत घट सकता है। आइए मान लें कि आपका प्रतियोगी इसका उपयोग कर रहा है और जल्दी भुगतान का लाभ उठा रहा है। यह उसे नकद छूट अर्जित करने में मदद करेगा, जो सीधे आपके व्यवसाय को प्रभावित करेगा। सबसे महत्वपूर्ण कारक जिस पर ध्यान देने की आवश्यकता है वह यह है कि यदि भुगतान में चूक होती है, तो हो सकता है कि आपके पास उत्पाद की उपलब्धता न हो और ऐसे परिदृश्य में बाजार की प्रतिष्ठा में तेजी से गिरावट आ सकती है।

सचिन ने तब पारस को निम्नलिखित उदाहरण दिया ताकि अवधारणा को ठीक से समझा जा सके:

अमित पिछले दो साल से ज्यादा टर्नओवर के साथ खाद्यान्न का कारोबार कर रहा था। इतने ऊँचे पैमाने पर होते हुए भी वह इच्छित वृद्धि को प्राप्त नहीं कर पा रहा था, जबकि उसका प्रतिद्वंदी छोटे स्तर पर भी उससे अधिक मुनाफा कमा रहा था। उसकी समस्या ने उसकी व्यावसायिक प्रक्रियाओं पर सवाल

उठाया। इसलिए, उसने दूसरों के साथ तुलना करते हुए अपनी व्यावसायिक प्रक्रियाओं में कमियों का पता लगाना शुरू कर दिया। उसे आश्चर्य हुआ कि उसकी प्रक्रियाएं दूसरों की तुलना में अधिक प्रभावी थीं, लेकिन फिर भी उसका लाभ कम था। स्थिति को समझने और अपने लाभ को बढ़ाने के लिए, उसने एक सलाहकार की मदद ली। तथ्यों का विश्लेषण करने के बाद, उन्होंने निष्कर्ष निकाला कि उसके प्रतियोगी आपूर्तिकर्ताओं को जल्दी भुगतान या अग्रिम भुगतान करके 5% की नकद छूट का लाभ उठा रहे थे, जबकि अमित सावधि जमा में अतिरिक्त धन का निवेश कर रहे थे, जो 0.5% का मासिक रिटर्न दे रहा था। इसलिए, 4.5% का अंतर असमानता पैदा कर रहा था। कार्यप्रणाली को बदलने और लेनदार के फंड या भुगतान की शर्तों को समझने के बाद, वह सीमांत लाभ अर्जित करने में सक्षम था।

लेनदारों की योजनाओं, छूटों को समझने की आवश्यकता है

क्रेडिट शर्तों के लाभों को सीखना अत्यंत महत्वपूर्ण है, क्योंकि यदि आप इसे नहीं समझते हैं, तो आप मामूली लाभ अर्जित नहीं कर सकते हैं, जिसका लाभ दूसरे उठा रहे हैं। कई प्रकार की योजनाएं और छूट हो सकती हैं, जैसे नकद छूट, व्यापार छूट, मात्रा छूट, गुणवत्ता छूट, थोक छूट, आदि। इसकी प्रकृति उत्पाद और इसकी उपलब्धता के अनुसार भी भिन्न हो सकती है। लेकिन किसी भी योजना या छूट को चुनने से पहले पुनर्भुगतान की क्षमता को समझना भी बहुत ज़रूरी है। उदाहरण के लिए, यदि आपने एक लक्षित छूट (टारगेट डिसकाउंट) का चयन किया था, लेकिन प्राप्त करने में विफल रहे, फिर भी, उसी को ध्यान में रखते हुए आपने बिक्री की थी, तो इससे नुकसान हो सकता है। यह एक लाभकारी योजना है क्योंकि इससे विभिन्न प्रस्तावों के साथ बाजार में बदलाव आएगा। यदि इस पर ध्यान नहीं दिया जाता है, तो आपका खरीद मूल्य अधिक हो सकता है, जिससे प्रतिस्पर्धियों को लाभ होगा।

क्या आपको शार्क टैंक भागीदारों की ज़रूरत है?

अब निवेशकों को जोड़ने और निवेशकों के पैसे का उपयोग करके व्यवसाय को बढ़ाने का चलन बन गया है। लेकिन सवाल यह है कि क्या आपको निवेशक की जरूरत है? इस प्रश्न का उत्तर खुद ढूंढने की आवश्यकता है, क्योंकि अंततः आप उस बच्चे का स्वामित्व खो सकते हैं जिसे आपने जन्म दिया था। निवेशकों को जोड़ते समय किन बातों का ध्यान रखना चाहिए यह इस बात पर निर्भर करता है कि आप अपने बिजनेस मॉडल और त्याग स्तर पर कितना विश्वास करते हैं। आप इतने बड़े निवेशकों के लिए जाने के बारे में तभी सोच सकते हैं जब आपने अपने व्यवसाय को एक निश्चित स्तर तक बढ़ा दिया हो, अन्यथा यह उनके लिए निवेश योग्य नहीं है। अधिकतर, निवेशक लक्ष्य बाजार, प्रतिस्पर्धा, राजस्व मॉडल, वित्तीय अनुमानों, धन की आवश्यकता, भविष्य की क्षमता आदि की तलाश करते हैं। एक व्यवसाय द्वारा उपयोग की जा सकने वाली विभिन्न फंडिंग पद्धतियां बूटस्ट्रैपिंग (सेल्फ-फंडिंग), क्राउड फंडिंग, एंजेल इन्वेस्टमेंट, वेंचर कैपिटल, बिजनेस इन्क्यूबेटर्स और एक्सेलेरेटर्स, बैंक ऋण, सरकारी योजनाएं आदि हैं।

शार्क टैंक के संपर्क में आने का उल्टा यह है कि आपको सेल्फ—मेड करोड़पतियों के साथ बातचीत करने को मिलती है, जिनकी बहुत बड़ी फैन फॉलोइंग है। ये निवेशक, अगर आपके उत्पादों में रुचि रखते हैं, तो आपको अपने व्यवसाय को बढ़ाने में मदद करते हैं। वे न सिर्फ़ आपको वित्तीय बाधाओं को दूर करने में मदद करते हैं, बल्कि भुगतान करने के दबाव को भी कम करते हैं। इसके अलावा, व्यवसाय को मूल्यवान विशेषज्ञता, मोटिवेशन, उर्जा और मनोबल, हितधारकों में विश्वास और छोटे संघ के साथ संबंध प्राप्त होता है। इसके अलावा, आपके पास मौजूद नेटवर्क के माध्यम से निवेशकों से संपर्क किया जा सकता है, जैसे सलाहकार के रूप में काम करने वाली विभिन्न एजेंसियां, इंटरनेट-आधारित पूंजीवादी, सोशल मीडिया प्लेटफॉर्म आदि। निवेशकों से संपर्क करने से पहले अपनी योजना के साथ तैयार रहना सुनिश्चित

करें। अगर आप सही समय पर निवेशकों से संपर्क नहीं करते हैं तो आपको व्यवसाय के संचालन में देरी का सामना करना पड़ सकता है। इस बीच, इस बात की हमेशा संभावना रहती है कि आपका प्रतियोगी समान विचार के साथ एक व्यवसाय शुरू करेगा और आपके एकाधिकार को तोड़कर अपने व्यवसाय का विस्तार करके बढ़त प्राप्त करेगा। यह संभावना भी हमेशा बनी रहती है कि प्रतिस्पर्धी तेज गति से आगे बढ़ जाए और वह बाजार में आपके अस्तित्व के लिए एक बड़ी बाधा बन जाए। इसलिए, सही समय पर निवेशक से संपर्क करना अत्यंत महत्वपूर्ण है।

अब मान लेते हैं कि एक उद्यमी के रूप में आपने शार्क टैंक से संपर्क किया है। शार्क टैंक निवेश की पेशकश करता है या नहीं, जब आपकी पिच को लाखों दर्शकों द्वारा देखा जाता है, तो आपने हजारों निवेशकों को अपना व्यवसाय खड़ा कर दिया है, कुछ लोग जो आपसे संपर्क कर सकते हैं। इसके अलावा, आपने अपने उत्पाद को जनता के लिए विपणन किया है। इसलिए, अगर आपका उत्पाद अच्छा है, तो आपको असंख्य ग्राहक मिलते हैं।

भीड़ और सामाजिक धन

क्राउड फंडिंग तकनीक का भी इस्तेमाल किया जा सकेगा। इसका मतलब है दोस्तों और परिवार से पैसा जुटाना। अधिक महत्वपूर्ण समग्र राशि जुटाने के लिए आप कई सदस्यों या करीबी दोस्तों से थोड़ी मात्रा में धन ले सकते हैं। वे ब्याज मुक्त धन प्रदान कर सकते हैं, या आपके पास पुरस्कार के रूप में अनुकूल निवेशक समझौते हो सकते हैं। इस पद्धति का उपयोग व्यवसाय शुरू करने के शुरुआती चरण के दौरान किया जाता है। इसका प्रमुख लाभ यह है कि इसमें दूसरों के अलावा एक कम औपचारिक दृष्टिकोण होता है और व्यवसाय का पूर्ण नियंत्रण होता है। बहरहाल, इसके नुकसान भी हैं। इसमें सकारात्मक रिटर्न के लिए आपकी जिम्मेदारी बढ़ जाती है। समय पर भुगतान न करने की स्थिति में अधिक तनाव, व्यक्तिगत संबंधों में तनाव और जीवन की गुणवत्ता पर असर पड़ सकता है। एक बड़ी समस्या जिसका होना तय है, वह

यह है कि असहमति की स्थिति में मित्र और परिवार के लोग व्यावसायिक निर्णयों में हस्तक्षेप करने का प्रयास करते हैं। किसी भी निवेश के लिए चुकौती शर्तों और अनुबंधों को लिखित रूप में रखना हमेशा समझदारी भरा होता है। साथ ही, सभी समस्याओं से समझदारी और पेशेवर तरीके से निपटने के लिए तैयार रहें। मित्रों और परिवार के सामने अपनी योजनाओं को प्रस्तुत करके इस तरह की फंडिंग के लिए संपर्क किया जा सकता है और उनकी सलाह के साथ-साथ पैसे उधार देकर व्यवसाय को समर्थन देने के लिए कहा जा सकता है। यदि ये फंड उपलब्ध हैं और उपयोग नहीं किए जाते हैं, तो आपको शुरू में अधिक ब्याज लागत का भुगतान करना पड़ सकता है, जिसे बचाया जा सकता है और इसके बजाय आपके व्यवसाय की स्थापना में उपयोग किया जा सकता है।

लाभांश का भुगतान कब करें

कोई भी इक्विटी मुफ़्त नहीं है, क्योंकि किसी भी निवेशक द्वारा किया गया हर निवेश उससे लाभ प्राप्त करने के लिए होता है। इसलिए, यह तय करना बहुत बहुत ज़रूरी है कि लाभांश कब जारी किया जाए, क्योंकि यह व्यावसायिक स्वास्थ्य को प्रभावित करता है। ऐसा इसलिए है क्योंकि लाभ बरकरार रहने से व्यवसाय को दूसरे स्तर पर ले जाया जाता है। लाभांश नीति को व्यावसायिक लक्ष्यों के अनुरूप होना चाहिए, जो निवेशकों के लिए इसके मूल्य को अधिकतम कर सके। जब कोई व्यवसाय लाभ में आता है, तो लाभांश, यानी लाभ का हिस्सा शेयरधारकों के बीच उनके निवेश पर वापसी के रूप में वितरित किया जाना चाहिए। विभिन्न लाभांश नीतियां हो सकती हैं। कुछ उदाहरण निश्चित प्रतिशत लाभांश नीति, परिवर्तनीय प्रतिशत नीति, अनियमित लाभांश नीति, कोई लाभांश नीति नहीं आदि हैं। लाभांश नीति तय करते समय, व्यवसाय की भविष्य की योजनाओं को ध्यान में रखना चाहिए। अगर उचित लाभांश जारी नहीं किया जाता है, तो शेयरधारक निवेश में रुचि खो सकते हैं।

सचिन ने अपनी बात के समर्थन में एक बहुत ही उपयुक्त उदाहरण पारस को दिया:

रितेश के स्वामित्व वाली एक प्राइवेट लिमिटेड कंपनी अपने गांव में एक निर्माण कंपनी शुरू करना चाहती थी। उसका मुख्य उद्देश्य अपने क्षेत्र में एक आटा चक्की खोलना था, क्योंकि इससे न सिर्फ़ रोजगार पैदा होगा बल्कि गांव के विकास में भी मदद मिलेगी। लेकिन जब रितेश ने ऋण के लिए बैंक से संपर्क किया, तो बैंक को देने के लिए उचित सुरक्षा की कमी के कारण शुरू में उनका ऋण अस्वीकार कर दिया गया था। रितेश बीच में ही अटका हुआ था क्योंकि भूमि विकास योजना बन चुकी थी, परियोजना तैयार हो चुकी थी, मशीनरी अग्रिम हो चुकी थी, लेकिन अब उसके पास अपने सपनों को हकीकत में बदलने के लिए पैसे नहीं थे। उसने व्यवसाय में साझेदार बनाने की कोशिश की लेकिन उनमें से कोई भी इसके लिए सहमत नहीं हुआ क्योंकि इकाई एक गांव में स्थित थी और कोई भी ऐसी इकाइयों में गुंजाइश नहीं देख सकता था। बाद में, रितेश ने स्थानीय ग्रामीणों को इक्विटी जारी करके फंड बनाने का फैसला किया। इसलिए, उसने उन्हें आगामी इकाई की इक्विटी खरीदने का प्रस्ताव दिया। सात दिनों की अवधि के भीतर, उसकी सारी इक्विटी बिक गई। हैरानी की बात है कि सभी को ग्रामीणों ने खुद खरीदा था। इस तरह के फंड की व्यवस्था करने के बाद, रितेश विनिर्माण इकाई स्थापित करने और उसे सफलतापूर्वक चलाने में सक्षम था। सेट-अप के बाद, कई बैंक अलग-अलग ऑफ़र लेकर आए, लेकिन अभी के लिए, रितेश की ज़रूरत पूरी हो गई थी। आगे विस्तार के मामले में, रितेश ने फैसला किया कि वह उधार ली गई धनराशि का विकल्प चुनेंगे।

ऑफिस टूल्स और सर्च इंजन गाइड करेंगे, लेकिन आपको काम करना होगा

कार्यालय उपकरण और खोज इंजन आपको विभिन्न दृष्टिकोणों के बारे में मार्गदर्शन कर सकते हैं लेकिन ये कार्रवाई उन्मुख नहीं हैं; वास्तविक कार्य केवल वास्तविक निर्णय लेने के साथ ही किया जा सकता है। व्यवसाय शुरू करने के लिए धन की आवश्यकता होती है, इसलिए शुरू करने से पहले वित्त की योजना बनाना महत्वपूर्ण है, जैसे वेतन की बचत, कम खर्च, संकट प्रबंधन, पारिवारिक जिम्मेदारियां आदि। बिजनेस फंड और पर्सनल फंड के बीच हमेशा गैप होना चाहिए, क्योंकि परिवार आपके साथ-साथ बिजनेस की भी रीढ़ है। अगर व्यवसाय को अंशकालिक आधार पर मैनेज किया जा सकता है, तो इसे उसी तरह से नियोजित किया जा सकता है, या अगर आप एक ऐसा व्यवसाय करना चाहते हैं जिसे प्रारंभिक चरण में कर्मचारियों या टीम के किसी भी सदस्य द्वारा मैनेज किया जा सके, तो काम जारी रखा जा सकता है। ओवरटाइम काम करके, व्यवसाय की समीक्षा की जा सकती है। अलग-अलग फंडिंग पद्धतियों को हमेशा ध्यान में रखना चाहिए क्योंकि किसी भी व्यवसाय को बहुत सारी अनिश्चितताओं का सामना करना पड़ता है। यदि नियोजन ठीक से नहीं किया गया और उसके अनुसार कार्य नहीं किए गए तो व्यवसाय के साथ-साथ व्यक्तिगत जीवन को भी भारी नुकसान उठाना पड़ सकता है। लेकिन यह भी ध्यान रखना है कि अगर आप ऑफिस टूल्स पर ज्यादा फोकस करेंगे और बिजनेस की तरफ देखेंगे तो आपका बिजनेस सिर्फ सपना ही बनकर रह जाएगा। सफलता की संभावना बहुत कम है, क्योंकि ये माध्यम आपको प्रेरित कर सकते हैं लेकिन आपकी जगह नहीं ले सकते।

पारस ने अपने बिजनेस को बढ़ाने के लिए सचिन से फंड लिया और मार्केट से भी। बाजार में प्रतिक्रिया बहुत अच्छी थी क्योंकि उसे उत्पाद का गहरा ज्ञान था। आखिरकार, उसने और विस्तार करने के बारे में सोचा, लेकिन उसे इस बारे में कोई आइडिया नहीं था कि इस पर किस तरह से काम करना चाहिए। इस बीच, वह अपने उत्पाद को अपने ब्रांड नाम के तहत दोबारा पैक करके

बेचने में सक्षम हो गया, जिसने आस-पास के इलाकों में भी ध्यान आकर्षित किया।

सारांश:

> फंड व्यवसाय का महत्वपूर्ण कारक है। व्यवसाय को बढ़ाने के लिए, आपको हमेशा यह तय करना होगा कि कितना स्वामित्व जोखिम में है और इसकी तुलना उधार लेने की लागत से करें।

> उधार या इक्विटी की बिक्री के अलावा, धन उत्पन्न करने के अन्य विकल्प हैं, जैसे लेनदारों का फंड, भीड़ या सामाजिक धन, आदि। इसलिए, अगर इक्विटी की बिक्री या उधार लेने की लागत के बजाय इन विकल्पों का लाभ उठाया जा सकता है, तो यह व्यवसाय के लिए अधिक लाभदायक होगा।

> लाभांश विवेकपूर्ण तरीके से जारी किया जाना चाहिए। ऐसा इसलिए क्योंकि व्यवसाय संपत्ति उत्पन्न करता है। लाभांश को परिसंपत्ति निर्माण के समय सारिणी के साथ या व्यावसायिक परिदृश्यों पर प्रभाव डालने के साथ प्रीपोन्ड या पोस्टपोन्ड किया जा सकता है।

गतिविधियां:

> भीड़ या सामाजिक धन की एक सूची बनाएं, जिसका उपयोग किया जा सके।

> विभिन्न शार्क के साथ अपनी परियोजनाओं पर चर्चा करें, जो आपको न केवल अस्वीकार या स्वीकार कर सकते हैं बल्कि अपनी विशेषज्ञ राय भी निःशुल्क प्रदान कर सकते हैं।

> प्रारंभिक भुगतान के मामले में आपूर्तिकर्ताओं के पास उपलब्ध योजनाओं और नकद छूट के बारे में पूछें।

"कोई फिनिश लाइन नहीं है। इस यात्रा में सिर्फ़ मील मार्कर हैं। "
- माइकल वेंचुरा

अब तक, पारस ने अपने व्यवसाय का विस्तार किया था और अधिक ग्राहकों को चावल की आपूर्ति कर रहा था। जब उसे अपने पिछले नियोक्ताओं में से एक का आदेश मिला, तो उसने सोचा कि व्यक्तिगत रूप से जाना सम्मानजनक होगा। लेकिन वह अचंभित रह गया क्योंकि उसके साथ उसी तरह का व्यवहार किया गया जब वह घरेलू कर्मचारी था। इस बदसलूकी ने पारस को इतनी ऊंचाई पर पहुंचा दिया कि कोई भी उसे नीचा दिखाने की हिम्मत नहीं कर सकता था। यह उनके लिए अपना अगला मील का पत्थर हासिल करने के लिए यात्रा शुरू करने का समय था। वह जो कर रहा था उसमें उसे पहले ही सफलता मिल चुकी थी और उसने इतना ज्ञान हासिल कर लिया था कि वह अपनी खुद की मैन्युफैक्चरिंग यूनिट के साथ एक बड़े स्व-स्वामित्व वाले ब्रांड के साथ शुरुआत कर सके। यह उसके सपने को साकार करने का समय था जो उसने देखा था। वह सपना था वसा रहित चावल बनाने का। इस बार उसे सचिन, सलाहकार, बैंकर, विभिन्न विक्रेताओं, एक मजबूत ग्राहक-आधार, जिनमें से कुछ के अधिकारियों के साथ संबंध भी थे, का समर्थन प्राप्त था। उन्होंने इस स्तर पर अपनी विस्तार योजना के पक्ष और विपक्ष पर चर्चा की। जब सभी ने सकारात्मक प्रतिक्रिया दी, तो उसने प्राइवेट लिमिटेड बनाकर एक और कदम आगे बढ़ाया। इसके लिए वह अपनी कंपनी को अपने ब्रांड नाम के साथ पंजीकृत कराना चाहता था और उसने कंपनी बनाने के विभिन्न पहलुओं को समझने के लिए अपने सलाहकार से चर्चा की।

एक कंपनी पंजीकृत करना

जब आप कुछ समय के लिए छोटे पैमाने पर काम कर रहे हों और व्यवसाय की बारीकियां सीख चुके हों तो आपको अपना व्यवसाय अगले स्तर तक बढ़ाने की जरूरत होती है। इसके अलावा, आपको एक ब्रांड नाम चाहिए, और उसके लिए, आप कंपनी के पंजीकरण के लिए जा सकते हैं। जब आपके पास एक ऐसा उत्पाद है जो सामाजिक रूप से स्वीकार्य है, तो समय की आवश्यकता है कि एक ब्रांड नाम हो जिससे समाज जुड़ सके। एक ट्रस्ट फैक्टर स्थापित करने के लिए, आप एक कंपनी को पंजीकृत कर सकते हैं। जब तक आपको निवेशकों के फंड की जरूरत नहीं है या आप अपने स्वामित्व को कम नहीं करना चाहते हैं, तब तक आप जो कर रहे हैं उस पर ध्यान केंद्रित करें।

पारस को समझाते हुए, सलाहकार ने सही समय पर एक अच्छी तरह से सूचित निर्णय लेने के महत्व पर जोर देने के लिए निम्नलिखित उदाहरण का हवाला दिया:

मनीष ने एक प्रौद्योगिकी प्रदाता के रूप में एक व्यवसाय शुरू करने के बारे में सोचा। पहले दिन ही उसने एक प्राइवेट लिमिटेड कंपनी बनाने का फैसला किया। हालांकि उसके सलाहकार ने उसे सलाह दी कि अपने धंधे को स्थापित करने के बाद कंपनी बनाए, लेकिन उसने ध्यान नहीं दिया। तथाकथित 'ऑनलाइन ज्ञान' ने उसका ब्रेनवॉश कर दिया था और वह एक कंपनी बनाने को लेकर दृढ़ था, जो उसने किया। समय बीतने के साथ, वह बहुत अधिक नहीं कमा रहा था, लेकिन कंपनी के गठन के कारण, उसके कंप्लायंस का बोझ बहुत अधिक था। आखिरकार, उसने कंप्लायंस का पालन करना बंद कर दिया। नतीजतन, कुछ वर्षों के बाद, उसे विभिन्न विभागों से कई नोटिस मिले। कंप्लायंस का बोझ इतना अधिक था कि वह अपने व्यवसाय पर ध्यान नहीं दे सकता था। आखिरकार, उसे अपना व्यवसाय बंद करना पड़ा और नौकरी में वापस आना पड़ा। जब तक उसने अपने सलाहकार की सलाह का महत्व समझा, तब तक बहुत देर हो चुकी थी।

किसी कंपनी के लिए पंजीकरण करने के लिए, आपको कुछ दस्तावेज की जरूरत होती है। इनमें मूल केवाईसी दस्तावेज जैसे पैन कार्ड, आधार कार्ड, निदेशकों के बैंक स्टेटमेंट के साथ-साथ शेयरधारकों, बिजली बिल, डिजिटल हस्ताक्षर के अलावा कुछ अन्य घोषणाएं शामिल हैं। दस्तावेजों के साथ, आपको निदेशकों की सूची, शेयरधारकों की सूची, नाम सुझाव, शेयरधारिता का प्रतिशत, व्यवसाय का मुख्य उद्देश्य और शर्तें, अगर कोई हो, प्रदान करने की ज़रूरत है। पंजीकरण के बाद, आपके पास निगमन का प्रमाण पत्र (सीओआई), मेमोरेंडम ऑफ एसोसिएशन (एमओए), एसोसिएशन का लेख (एओए), पैन, टैन, ईएसआई, पीएफ, आयात निर्यात कोड (आईईसी), जीएसटी, आदि होगा। एक बार आवश्यक दस्तावेज एकत्र हो जाने के बाद, आप एक सलाहकार के पास जा सकते हैं, जो कंप्लायंस में मदद कर सकता है और आपका काम आसानी से करवा सकता है। अगर कंपनी पंजीकृत नहीं है, तो वैश्विक स्तर पर ट्रस्ट फैक्टर का निर्माण करना थोड़ा मुश्किल होगा और व्यापार में इक्विटी निवेशकों को प्राप्त करना भी परेशानी भरा हो जाएगा।

आरओसी कंप्लायंस का बोझ

सलाहकार ने समझाया कि इस तथ्य को ध्यान में रखना चाहिए कि कंपनी के गठन के साथ कंप्लायंस बढ़ता है क्योंकि व्यवसाय में हितधारकों की संख्या बढ़ जाती है। सामान्य तौर पर, आरओसी कंप्लायंस भी कंपनी के आकार और प्रकार के अनुसार भिन्न होते हैं। यह निर्भर करता है कि कंपनी प्राइवेट लिमिटेड है या पब्लिक लिमिटेड, सूचीबद्ध या असूचीबद्ध, आदि। लेकिन सामान्य तौर पर, आपको नियमित रूप से कंपनी सचिव, चार्टर्ड अकाउंटेंट, आदि जैसे प्रमाणन एजेंसियों से सत्यापन के साथ अपने निर्दिष्ट रूपों और प्रारूपों में कंपनियों के रजिस्ट्रार को वित्तीय विवरण और अन्य रिपोर्ट प्रस्तुत करनी होगी। बोर्ड की बैठक में किए गए प्रत्येक निर्णय, जो कानून द्वारा निर्दिष्ट हितधारकों के लिए एक अनिवार्य हिस्सा है, को आरओसी को सूचित

किया जाना चाहिए। इसमें निदेशकों में बदलाव, पूंजी जुटाने आदि जैसे महत्वपूर्ण निर्णयों को सूचित करना शामिल है। अगर कंपनी बड़े पैमाने पर बनती है, तो एक कंपनी सचिव को काम पर रखने की ज़रूरत होती है, जो अधिनियम में निर्दिष्ट आरओसी अनुपालन और आवश्यक बैठकों का पालन कर सकता है। अगर आरओसी कंप्लायंस का पालन नहीं किया जाता है, तो आरओसी नॉन-कंप्लायंस की गंभीरता के आधार पर, अगर आवश्यक हो तो विलंब शुल्क, जुर्माना या अभियोजन शुरू कर सकता है।

हालांकि प्राइवेट लिमिटेड के गठन के बाद, कंप्लायंस का बोझ बढ़ गया था, लेकिन पारस चिंतित नहीं था क्योंकि उसके पास इसे मैनेज करने के लिए पर्याप्त बचत थी। जैसे, उसने अपने सलाहकार को यह सारा बोझ लगभग आउटसोर्स कर दिया था ताकि वह अपनी विनिर्माण इकाई स्थापित करने में समय दे सके। उसने प्रतिशोध के साथ अपना समय और ऊर्जा परियोजना में निवेश करना शुरू कर दिया, जिससे वह अजेय हो गया। खरीद के लिए लाइसेंस, ऋण प्रक्रिया, रिटर्न फाइलिंग प्रणाली, बाजार के रुझान, सब्सिडी प्राप्त करने की प्रक्रिया आदि के बारे में गहन ज्ञान ने बिना किसी बाधा के अपनी निर्माण इकाई स्थापित करने में मदद की।

डेटा का सार्वजनिक दृश्य - सकारात्मक या नकारात्मक

एक कंपनी के मामले में, विभिन्न हितधारक जैसे शेयरधारक, निदेशक और विभिन्न विभाग शामिल होते हैं। इसलिए, हितधारकों के लाभ के लिए, आरओसी ने दस्तावेज़ों को सार्वजनिक रूप से देखने का विकल्प दिया है, जो कई बार फायदेमंद साबित हो सकता है जबकि कुछ मामलों में यह परेशानी भरा साबित होता है। आम तौर पर सार्वजनिक दृश्य के लिए उपलब्ध जानकारी निगमन की तिथि, अंतिम वार्षिक आम बैठक की तारीख, अंतिम वित्तीय विवरण की तारीख, वर्तमान निदेशक, पूर्ण विवरण के साथ कंपनी का

पता और *चालान* के निर्दिष्ट भुगतान के साथ बैंक से लिया गया ऋण है। इसके अलावा, अन्य सभी जानकारी जैसे कि वित्तीय विवरण, निदेशकों में परिवर्तन, ऋण दस्तावेज, और अन्य विवरण, जो आरओसी फाइलिंग के माध्यम से प्रस्तुत किए जाते हैं, वे भी इस तरह उपलब्ध हैं कि कम से कम समय में कोई भी वांछित जानकारी तक पहुंच सकता है। जानकारी का यह सार्वजनिक दृश्य एमसीए की वेबसाइट से लिया जा सकता है। साथ ही, अलग-अलग एग्रीगेटर भी हैं, जो एमसीए से वांछित दस्तावेज उपलब्ध कराते हैं। कंपनी का इस सूचना पर कोई नियंत्रण नहीं है और वह इसे छुपा कर नहीं रख सकती है। यह आरओसी द्वारा लिया गया एक महत्वपूर्ण निर्णय है ताकि जनता के लिए दस्तावेजों को देखना संभव हो सके, भले ही यह एक प्राइवेट लिमिटेड कंपनी हो।

व्यापार का हस्तांतरण

जहां तक व्यवसाय के हस्तांतरण का सवाल है, तो ऐसे मामले में सबसे अच्छा विकल्प एक कंपनी है। जैसा कि हम जानते हैं, एक कंपनी शेयरधारकों के स्वामित्व में है, इसलिए शेयरधारकों के परिवर्तन से, कंपनी को स्थानांतरित किया जाता है। एक महत्वपूर्ण पहलू यह है कि कंपनी के माध्यम से स्थानांतरण द्वारा, कंपनी की पहचान, यानी पैन, जीएसटी और अन्य पहचान जैसे महत्वपूर्ण दस्तावेज समान रहते हैं। हालांकि, प्रोपराइटरशिप के मामले में ऐसा नहीं होता है। कंपनी के हस्तांतरण के लिए आवश्यक दस्तावेज मूल केवाईसी दस्तावेज, मूल्यांकन के अनुसार फंड ट्रांसफर और शुल्क के कुछ भुगतान के साथ कुछ आरओसी फॉर्म हैं। इसकी प्रक्रिया सरल है और इसे कुछ दिनों में पूरा किया जा सकता है। फाइलिंग में भी कंप्लायंस को पूरा करने में बहुत अधिक समय नहीं लगता है। यदि कंपनी के माध्यम से स्थानांतरण नहीं किया जाता है, तो यह भविष्य में कानूनी कंप्लायंस कर सकता है। उदाहरण के लिए, पार्टनरिशप में, पार्टनर में अनुचित परिवर्तन के

मामले में गुडविल कैलकुलेशन का विवाद हो सकता है, जो कि बहुत परिवर्तनीय होता है।

आय सृजन के लिए संपत्ति

कारखाना स्थापित होने के बाद, पारस शेयरधारकों के साथ लाभ के कुछ हिस्सों को साझा करने के लिए उत्सुक था। तभी उसके हितधारकों ने निम्नलिखित स्पष्टीकरण दिया और उसे बुद्धिमानी से धन का प्रबंधन करने के लिए कहा।

एक बार कोई कंपनी बन जाए तो आगे के निवेश की मदद से उसे बढ़ाया जा सकता है। एक परियोजना की लागत में न्यायिक निवेश आय के सृजन में और मदद करेगा, जिसमें भूमि और भवन, संयंत्र और मशीनरी, प्रौद्योगिकी आदि शामिल हैं। परियोजना की ऐसी लागत की तुलना वित्त के साधनों जैसे मालिकों के फंड, उधार के फंड और सरकारी सब्सिडी से की जानी चाहिए। वित्त के साधन तय होने के बाद, वेंडर्स को अंतिम रूप दिया जा सकता है जिनसे ऐसी संपत्ति खरीदी जाएगी। इसके बाद, योजनाबद्ध तरीके से उचित कदम उठाए जाने चाहिए।

परियोजना सेट-अप और लाइसेंस की योजना अच्छी तरह से बनाई जानी चाहिए क्योंकि यह परियोजना के सुचारू सेट-अप को सुनिश्चित करेगा। मूल मुद्दा जिसे हल करने की ज़रूरत है वह समय है, क्योंकि इस बात की बहुत अधिक संभावना है कि परियोजनाओं में देरी होगी क्योंकि सब कुछ योजना के अनुसार काम नहीं करता है। कई कारणों से देरी हो सकती है, जैसे परिवहन में देरी, श्रम की कमी, लाइसेंस की समस्या, आदि। प्रमुख कारकों में से एक तकनीकी समस्या हो सकती है। यह बहुत महत्वपूर्ण है कि संयंत्र और मशीनरी ठीक से सेट-अप और सिंक इस तरह से हो कि यह अधिकतम उत्पादन प्रदान करे। सबसे चिंताजनक तथ्य यह है कि किसी भी कारण से, अगर परियोजना में देरी होती है, तो आपको किसी भी परिस्थिति में ब्याज

लागत वहन करनी होगी, जो बाद के चरण में बोझ हो सकती है। यह हमेशा ध्यान में रखना चाहिए कि ऋण लेने के बाद, इसका उपयोग समय पर और उचित रूप से ब्याज के बोझ और बैंकों के अज्ञात दबाव को नियंत्रित करने के लिए किया जाना चाहिए। अगर प्रोजेक्ट सेट-अप में कोई समस्या है, तो आप बैंक से सहायता मांग सकते हैं। बैंक आपको अलग-अलग लाइसेंस प्राप्त करने और तकनीकी मुद्दों, यदि कोई हो, में मदद कर सकता है, क्योंकि उनके पास अलग-अलग व्यक्तियों के साथ एक नेटवर्क है और उन्होंने पहले भी ऐसी परियोजनाओं को वित्तपोषित किया है, इसलिए उनके ज्ञान का उपयोग उसी के अनुसार किया जा सकता है। अगर परियोजना ठीक से कार्यान्वित नहीं होती है, तो सबसे अच्छा तरीका है कि इसका समय पर निरीक्षण किया जाए और इसे जल्द से जल्द ठीक किया जाए।

आंतरिक नियंत्रण

प्रोजेक्ट सेट-अप के बाद, अगला कारक आंतरिक नियंत्रण विकसित करना और व्यवसाय के प्रत्येक पहलू को स्वचालित करने के लिए प्रत्येक व्यावसायिक चक्र पर काम करना है।

जब व्यवसाय छोटा होता है, तो मालिक द्वारा कई भूमिकाएं निभाई जाती हैं; यह वन-मैन शो की तरह है। आंतरिक नियंत्रण इतना महत्वपूर्ण नहीं है क्योंकि व्यवसाय के सभी कार्य, जैसे खरीद, सूची, बिक्री, बिल का भुगतान, धन प्राप्त करना आदि, मालिक द्वारा प्रबंधित किए जाते हैं। हालाँकि, जैसे-जैसे कंपनी बड़ी होती जाती है, विशेष रूप से कॉर्पोरेट स्तरों पर, कई कार्यों को विभाजित किया जाता है और विशिष्ट विभागों और कर्मियों द्वारा किया जाता है और पेशेवर रूप से प्रबंधित किया जाता है।

आंतरिक नियंत्रण हर स्तर पर बनाए रखा जाना चाहिए। उदाहरण के लिए, कच्चे माल के प्रवेश से लेकर तैयार माल के निकास तक। कंपनी के परिसर में सब कुछ सिस्टम आधारित होना चाहिए।

नियंत्रण का अगला स्तर वित्तीय नियंत्रण होना चाहिए, जैसे कि एक-एक पैसा जांच और दोहरे प्रमाणीकरण के बाद ही खर्च किया जाना चाहिए, न कि त्वरित निर्णयों द्वारा।

तकनीकी नियंत्रणों का बहुत उचित स्तर पर ध्यान रखा जाना चाहिए क्योंकि इसमें मानव जीवन शामिल है। अगर हर कदम पर सावधानी नहीं बरती गई तो मजदूरों की जान दांव पर लग जाएगी।

नियंत्रण का अगला स्तर गति नियंत्रण होना चाहिए। हर गति/कार्यवाही की एक नीति होनी चाहिए, चाहे वह कागज हो या मशीन। यह आंतरिक नियन्त्रण व्यवसाय के प्रत्येक स्तर पर नीतियों एवं प्रक्रियाओं को ठीक से पहचानने एवं क्रियान्वित करने में सहायता से ही किया जा सकता है। समान प्रकृति के व्यवसायों में सर्वोत्तम पालन किए जाने वाले सिद्धांतों को जानकर भी इसे बेहतर ढंग से किया जा सकता है। अगर उचित नीतियों और प्रक्रियाओं को बनाए नहीं रखा जाता है, तो इसे नियंत्रित करना कठिन होगा और अनुचित निर्णयों के कारण व्यवसाय को नुकसान हो सकता है। नीतियां और प्रक्रियाएं निर्णय लेने के लिए निचले स्तरों के लिए दिशानिर्देश हैं।

"लंबी अवधि के विकास को टिकाऊ बनाने के लिए प्रणालियों और प्रक्रियाओं में निवेश करने के लिए समय व्यतीत करें।" -जेफ प्लैट

सलाहकार ने उपरोक्त तकनीकी के महत्व को काफी अच्छी तरह से समझाया था। पारस को बेहतर तरीके से समझाने के लिए, सलाहकार ने निम्नलिखित केस स्टडी का उल्लेख किया:

जितेंद्र ने एक मध्यम आकार का पशु चारा कारखाना स्थापित किया। उसने विभिन्न कार्य अलग-अलग कर्मियों को आवंटित किया, लेकिन आंतरिक

नियंत्रण बनाने वाली नीतियों और प्रक्रियाओं का ध्यान नहीं रखा। एक नए कर्मचारी के वित्त विभाग में शामिल होने के बाद, उसने देखा कि कच्चे माल को खरीदने के लिए धन की हमेशा कमी रहती है। उसने माना कि धन के देर से संग्रह के कारण उनका राजस्व चक्र पिछड़ रहा था। हालांकि, उसका मिथक उस दिन टूट गया जब एक किसान ने उससे शिकायत की कि वह कच्चे माल की आपूर्ति के लिए तत्काल भुगतान के लिए 1% कमीशन नहीं देना चाहता है। तब उसे एहसास हुआ कि उसके किसी भी प्रक्रिया का निर्धारण न किए जाने की वजह से, आपूर्तिकर्ताओं को 1% कमीशन वहन करना पड़ता है। इसके कारण उसके कच्चे माल की आपूर्ति भी कम हो जाती है। उसी दिन से, उसने आंतरिक नियंत्रण बनाने के लिए नीतियां और प्रक्रियाएं निर्धारित कीं और नियमित अंतराल पर इसकी कड़ाई से जांच की।

विभिन्न हितधारकों द्वारा साझा किए गए ज्ञान ने पारस को अंतर्दृष्टि प्रदान की। उसने प्रक्रियाओं का पालन किया और बड़े पैमाने पर समाज के लिए काम करते हुए चावल की अपनी निर्माण इकाई स्थापित करने में सक्षम हुआ।

सारांश:

> जीवन से बड़ी स्थिति प्राप्त करना उतना महत्वपूर्ण नहीं है जितना कि छोटे से बढ़ना। क्योंकि उच्च स्थिति में हमेशा उच्च अनुपालन लागत शामिल होती है, जो प्रत्यक्ष या अप्रत्यक्ष रूप से व्यवसाय को प्रभावित करने के लिए बाध्य होती है।

> एक कंपनी बनाना आसान है, लेकिन विभिन्न स्तरों पर कारकों की पहचान करने के लिए इसके नफे और नुकसान का विश्लेषण किया जाना चाहिए।

> खर्च किया गया प्रत्येक पैसा परिसंपत्ति निर्माण के लिए होना चाहिए क्योंकि यह लंबी अवधि के दृष्टिकोण से इकाई को लाभान्वित करेगा।

> आंतरिक नियंत्रण प्रणालियों के माध्यम से एक प्रक्रिया बनाए बिना विकास संभव नहीं है। इसलिए, इसे नियमित रूप से व्यवसाय में एम्बेड किया जाना चाहिए और अवधि के बीच में समीक्षा की जानी चाहिए।

- ➤ पहचानें कि क्या आपका व्यवसाय ब्रांड नाम पर आधारित है या नहीं, यह कम अनुपालन लागत के साथ काम कर सकता है।
- ➤ व्यवसाय की समान प्रकृति के विभिन्न वित्तीय विवरणों को डाउनलोड करें और उनके द्वारा अपनाई गई रणनीतियों का अध्ययन करें।
- ➤ वित्तीय विवरणों के माध्यम से कंपनी के विकास का इतिहास पढ़ें और उनके सकारात्मक बिंदुओं को अपने व्यवसाय में लागू करें।
- ➤ एसेट जेनरेशन के बारे में गहराई से पढ़ें।
- ➤ आंतरिक नियंत्रण बेंचमार्क से गुजरें और अपने व्यवसाय में आवेदन करें।

अध्याय 10-संतुष्टि और स्वचालन

"हर कोई पहाड़ की चोटी पर रहना चाहता है, लेकिन सारी खुशी और विकास तब होता है जब आप उस पर चढ़ रहे होते हैं।" - एंडी रूनी, पत्रकार

एक बार निर्माण इकाई सफलतापूर्वक स्थापित हो जाने के बाद, कंपनी के पहले एजीएम में हितधारकों, मुख्य रूप से पारस, सचिन, सलाहकार, बैंकर और कुछ विक्रेता उपस्थित थे। सभी पारस को बधाई दे रहे थे और उनके अब तक के सफर की तारीफ कर रहे थे। हालांकि पारस बेहद खुश था, लेकिन उसने अपनी सफलता को अपने सिर पर नहीं चढ़ने दिया। उसका ध्यान इस बात पर था कि उसे आगे क्या कदम उठाना है और उसने अगले मील के पत्थर की योजना बनानी शुरू कर दी, जो केवल उसके हितधारकों के माध्यम से पूरा किया जाएगा। जब उसने एजीएम में मौजूद लोगों के साथ अपनी योजनाओं को साझा किया, तो वे खुश थे। अनुभवी हितधारकों ने उन्हें आगे के रास्ते के बारे में निर्देशित किया:

व्यापार नेटवर्क का महत्व

एक बार परियोजना स्थापित हो जाने के बाद, आप उस प्रक्रिया के महत्व को समझेंगे जिसका पालन आपने विजन हासिल करने के लिए किया था। आपके द्वारा पहले के चरणों के दौरान बनाए गए व्यावसायिक नेटवर्क की शक्ति आपको खरीद से लेकर बिक्री तक हर स्तर पर मदद करेगी। जिन लोगों से आप सामान खरीदते थे, वे अब आपका ब्रांडेड सामान बेचेंगे। इससे आपके व्यवसायिक परिवार को लाभ होगा, जो इस अवस्था तक बड़ा हो चुका है। वे श्रम, धन, गोदाम जैसी कमी की समस्याओं की उपलब्धता में भी मदद करेंगे, और व्यवसाय संचालन में आपकी समस्याओं को हल करने में भी मदद करेंगे।

उनके पास बार-बार जाकर और उन्हें सुनने के लिए उचित समय देकर उनकी प्रतिक्रिया को गंभीरता से लेकर इस नेटवर्क को बनाए रखा जा सकता है। यदि आप अपने व्यापार नेटवर्क को बनाए रखने में सक्षम नहीं हैं, तो आप समय पर आगे के लक्ष्यों/दृष्टि को प्राप्त करने में सक्षम नहीं होंगे।

अपने सिद्धांत का समर्थन करने के लिए सलाहकार ने पारस को निम्नलिखित उदाहरण दिया:

हितेश विभिन्न प्रकार के तेलों का डीलर था और अपने क्षेत्र में अपनी खुदरा आपूर्ति के लिए जाना जाता था। हर कोई उसके और व्यापार में उसकी समय की पाबंदी के बारे में जानता है। पिछले दस वर्षों से, वह हमेशा सुबह नौ बजे अपनी दुकान खोलता है और रात नौ बजे उसे बंद कर देता है। उनके कर्मचारी त्योहारों और छुट्टियों के दिन छुट्टी पर हो सकते हैं, लेकिन उसने कभी छुट्टी नहीं ली। यह व्यवहार सोशल नेटवर्किंग की कमी के कारण उसके विकास को भी पीछे खींच रहा था। उसने नए अवसरों की तलाश के महत्व को कभी महसूस नहीं किया, क्योंकि उसने खुद को अपने काम से बांध लिया था। हितेश से यह पूछने पर कि उसने व्यवसाय में इतना समय क्यों लगाया, उसका एक मानक उत्तर था - अगर वह व्यवसाय की देखभाल नहीं करेंगे, तो कौन करेगा? वास्तव में, हितेश को इसकी वजह से ऑटोमेशन, सिस्टम और कंट्रोल के बारे में कुछ भी पता नहीं था। उनका परिवार भी उसके व्यवहार से खुश नहीं था। धीरे-धीरे, उसने महसूस किया कि कुछ गलत था। व्यवसाय के बाद अपने जीवन का आनंद लेने के लिए, उन्होंने एक सलाहकार से मुलाकात की। सलाहकार के मार्गदर्शन के अनुसार, हितेश ने प्रक्रिया को अनुकूलित किया, जिससे वह अपनी संतुष्टि तक व्यवसाय की निगरानी कर सके। आटोमेशन के बाद, हितेश जीवन का आनंद लेने के साथ-साथ अपने व्यवसाय के लिए नए अवसर खोजने में सक्षम हो गया, जिससे उसे एक अलग स्तर पर बढ़ने का मौका मिला।

अपने ट्रेड सीक्रेट्स को लेकर कभी भी किसी पर भरोसा न करें

आपको हमेशा एक बात ध्यान में रखनी चाहिए कि किसी भी परिस्थिति में आपके व्यापारिक रहस्यों को प्रकट नहीं किया जाना चाहिए, क्योंकि ये एकमात्र विभेदक कारक हैं। उदाहरण के लिए, कोका कोला ने आज तक अपने व्यापारिक रहस्यों को साझा नहीं किया है, जो इसे अपने व्यवसाय के शीर्ष पर रहने में मदद कर रहा है। एक उद्यमी के रूप में, आपको यह समझने की जरूरत है कि अगर आप इसे जाहिर कर देते हैं, तो आपके मुनाफे में बाधा आएगी और आपके प्रतिस्पर्धियों को अपने व्यवसाय को लाभदायक बनाने के लिए अधिक विकल्प मिल सकते हैं। व्यापार रहस्य प्रौद्योगिकी, संसाधनों, अनुभवों या आपके व्यवसाय के किसी भी पहलू से संबंधित हो सकते हैं। आप सिर्फ़ विश्वसनीय व्यक्तियों, हितधारकों के साथ चर्चा करके व्यापार रहस्य साझा कर सकते हैं। यदि व्यापार रहस्य को विवेकपूर्ण ढंग से नहीं रखा जाता है, तो बाजार में प्रतिस्पर्धियों की संख्या शीघ्र ही बढ़ जाएगी, जो व्यवसाय की लाभप्रदता को प्रभावित कर सकती है।

व्यापार संस्कृति/बिजनेस कल्चर

व्यवसाय में एक उचित व्यावसायिक संस्कृति की अत्यधिक ज़रूरत है, क्योंकि यह निर्णय लेने में मदद करता है। सभी को कंपनी के दृष्टिकोण से अवगत होना चाहिए और इसका दृढ़ता से पालन करना चाहिए। अगर आप किसी भी सुपर सफल कंपनी की वेबसाइट पर देखते हैं, तो एक बात सामान्य है - वेबसाइट पर उनकी दृष्टि बताई गई है। विजन स्पष्ट और सरल है, जिसे कंपनी का प्रत्येक कर्मी समझ सकता है, इससे संबंधित हो सकता है, और कंपनी को उस विजन को प्राप्त करने में मदद कर सकता है। व्यावसायिक संस्कृति को कर्मचारियों को कंपनी की नीतियों और प्रक्रियाओं का पालन

करके कंपनी के दृष्टिकोण को प्राप्त करने के लिए प्रेरित और मार्गदर्शन करना चाहिए। कुछ दृष्टिकोण और नीतियां और प्रक्रियाएं एक व्यावसायिक संस्कृति बनाने में मदद करती हैं। ज्ञात कॉर्पोरेट ग्राहकों में से एक ने अपने कार्यालय में इस संस्कृति को अनुकूलित किया है, जहां सभी कर्मचारियों को दिवाली के दौरान पारिवारिक यात्रा के लिए अनिवार्य पत्ते मिलते हैं। वे खुशी के महत्व को समझते हैं और परिवार को व्यवसाय से जोड़ते हैं, जिससे बहुत मदद मिलती है। व्यावसायिक संस्कृति को सिर्फ़ तभी लागू किया जा सकता है जब नियोक्ता इसे स्वयं लागू करता है; अगर इसका पालन प्रमोटरों द्वारा किया जाता है, तो इसका पालन सभी करेंगे। अगर कोई व्यवसाय संस्कृति का पालन नहीं कर रहा है, तो दंड देने की व्यवस्था होनी चाहिए, ताकि नियमों का पालन करने के महत्व पर जोर दिया जा सके। यदि कुछ निर्णय समय पर नहीं लिए जाते हैं, तो अंततः हानि व्यवसाय को ही वहन करनी पड़ेगी, और यह व्यवसाय के प्रत्येक टीम सदस्य पर असर डालेगी।

व्यापार चक्र पर एक करीबी नज़र

व्यापार चक्र पर कड़ी नज़र रखना हमेशा महत्वपूर्ण होता है, क्योंकि यही वह क्षेत्र है जहां व्यवसाय में सीमांत लाभ होता है। प्रत्येक व्यवसाय को अपनी प्रणाली को समझना चाहिए और उसी को लागू करना चाहिए। व्यापार चक्र के प्रकार क्या हैं?

> ➤ राजस्व चक्र - राजस्व चक्र - राजस्व चक्र कंपनी द्वारा प्रदान की जाने वाली सेवाओं या उत्पादों से उत्पन्न राजस्व को दर्ज करने के लिए लेखांकन प्रक्रिया को पूरा करने के लिए उपयोग की जाने वाली प्रक्रियाओं को परिभाषित करने और बनाए रखने की एक विधि है / *इनमें शुरुआत से लेन-देन को ट्रैक करने और रिकॉर्ड करने की लेखांकन प्रक्रिया शामिल है, जो आम तौर पर ग्राहक से ऑर्डर प्राप्त*

करने या ग्राहक के साथ समझौता करने, ग्राहक को ऑर्डर देने और ग्राहक से भुगतान प्राप्त करने के साथ समाप्त होती है।

> भुगतान चक्र - यह कंपनी के खरीद और भुगतान विभाग से जुड़ी प्रक्रियाओं की एक श्रृंखला है और आपूर्तिकर्ताओं को अंतिम भुगतान करने के लिए सामान खरीदने वाले आपूर्तिकर्ताओं को ऑर्डर देने से लेकर सभी आवश्यक गतिविधियों को पूरा करता है।

> खरीद चक्र-यह व्यापार की ज़रूरत की पहचान, आपूर्तिकर्ताओं की सूची निर्माण, आपूर्तिकर्ता चयन और अनुबंध की शर्तों की बातचीत, खरीद आदेश निर्माण, वस्तुओं और सेवाओं को प्राप्त करने, सुलह, और भुगतान करने से जुड़ी प्रक्रियाओं की एक श्रृंखला है।

समय देकर ही व्यापार चक्र को करीब से देखा जा सकता है। इसकी समय-समय पर समीक्षा होनी चाहिए। हालांकि, यह ऑडिट की प्रक्रिया में भी शामिल हो सकता है। यदि व्यापार चक्र पर बारीकी से नज़र नहीं रखी जाती है, तो इसके परिणामस्वरूप मामूली लाभ कम हो सकता है।

हितधारकों में से एक ने उपरोक्त सिद्धांत को समझाने के लिए निम्नलिखित उदाहरण दिया:

ज्ञानचंद्र बेकरी का काम करता था। वह विभिन्न विक्रेताओं, ग्राहकों आदि के साथ बैठकों में इतना व्यस्त रहता था कि वह उस प्रक्रिया की पहचान नहीं कर पाता था जिसका व्यवसाय अनुसरण कर रहा था। हर कदम पर, वह व्यवसाय में नकदी प्रवाह के बारे में उलझन में था। इस मुद्दे को हल करने के लिए, उन्होंने उन सलाहकारों को नियुक्त करने का फैसला किया जो व्यवसाय द्वारा अपनाई जाने वाली प्रक्रिया को लिखने में मदद कर सकते थे। उनकी रिपोर्ट के बाद, वह नकद शेष राशि प्राप्त करने में सक्षम था। उन्होंने यह भी देखा कि चालू खाते में एक बड़ा हिस्सा रखा हुआ था, जिसमें बैंक द्वारा कोई ब्याज नहीं दिया गया था। इस समस्या को हल करने के लिए उन्होंने बैंक में एक फ्लेक्सी

खाता खोला, जिसमें एक निश्चित स्तर के बाद बैंक में रात्रि शेष सावधि जमा के रूप में रखा जाता है, जिसे सुबह फिर से इस्तेमाल किया जा सकता है। इसलिए, व्यापार चक्र पर बारीकी से नज़र रखने से, ज्ञानचंद्र न केवल नकदी प्रवाह प्राप्त करने में सक्षम हुआ, बल्कि बैंकों के साथ सावधि जमा पर भी पैसा कमाता था।

गणनात्मक जोखिम केवल जोखिम से बेहतर है

गणनात्मक जोखिम होना हमेशा बेहतर होता है क्योंकि इससे आपको अधिकतम नुकसान जानने में मदद मिल सकती है। शोधकर्ता सैली ने निम्नलिखित तरीके से "गणना जोखिम लेने" का वर्णन किया है:

"परिकलित जोखिम लेने को परिचालन रूप से परिभाषित किया जाता है, जो अधूरी जानकारी से निपटने और जोखिम भरे विकल्प पर कार्य करने की क्षमता के रूप में परिभाषित किया जाता है, जिसमें चुनौतीपूर्ण लेकिन यथार्थवादी लक्ष्यों को प्राप्त करने के लिए कौशल की आवश्यकता होती है।"

जोखिम की गणना करने के कुछ तरीके हो सकते हैं:

- ➢ अनुसंधान - हर दृष्टिकोण से व्यावसायिक क्षमता का मूल्यांकन करें
- ➢ गलतियों का अनुमान लगाएं-हर संभव परिणाम के बारे में सोचें, सकारात्मक और नकारात्मक दोनों
- ➢ मील के पत्थर और लक्ष्य निर्धारित करें
- ➢ निरंतरता को मापें, आदि।

गणनात्मक जोखिम लेने के लाभ उल्लेखनीय हैं। यह आपको बेहतर निर्णय लेने, स्वयं को संतुलित करने, समझने और अधिकतम हानि योजना की तैयारी के लिए समय प्रदान करने में मदद करता है। यह सब अच्छी योजना बनाकर

ही संभव है। अगर ठीक से नहीं किया गया तो यह संकट की स्थिति उत्पन्न कर सकता है।

एक अन्य हितधारक ने बेहतर समझ के लिए निम्नलिखित केस स्टडी का हवाला दिया:

आशीष मल्टी-चेन रेस्टोरेंट चलाता था। चूंकि उसे इस स्तर तक पहुंचने के लिए अत्यधिक संघर्ष का सामना करना पड़ा था, इसलिए वह एक सुरक्षित और अनुकूलित व्यवसाय करना चाहता था। हालांकि, उन्होंने हमेशा संकट प्रबंधन की परवाह की और अक्सर खुद से पूछा कि अगर यह विफल हो गया तो क्या होगा। बस जब उनके व्यवसाय ने गति पकड़ी और वह अपना बकाया चुकाने वाला था, अप्रत्याशित रूप से COVID-19 ने देश को प्रभावित किया। हर लाभदायक व्यवसाय घाटे में बदलने लगा। आशीष भी था इस लिस्ट में; उसका अनुकूलन और संकट प्रबंधन विफल हो गया था, या कुछ वैसा जैसा कि उसने सोचा था। मकान मालिकों द्वारा उन पर किराए का भुगतान करने के लिए दबाव डाला जा रहा था, भले ही उनका राजस्व शून्य था। हालांकि उसके पास खुद को स्थिति से बचाने के लिए कोई कारगर तरीका नहीं था। फिर भी किराए का भुगतान करने से पहले, उसने सभी किराए के समझौतों की समीक्षा की। इस समीक्षा में एक राहत वाली बात दिखी, उसने एक खंड पाया कि सरकारी लॉकडाउन के मामले में, कोई किराया नहीं देना होगा। यह एक बड़ी राहत साबित हुई, और वह आधिकारिक सरकारी लॉकडाउन जारी रहने तक किराया बचाने में सक्षम हुआ। इस प्रकार, संकट प्रबंधन पर विचार करने में उसके निरंतर विश्वास ने उसकी दयनीय परिस्थितियों के बावजूद अपने व्यवसाय को बनाए रखना संभव बना दिया।

संकट के लिए तैयारी

संकट की तैयारी करने का कारण व्यापार की निरंतरता बनाए रखना और कोविड-19 जैसी स्थिति का सामना करना है, जिसके कारण व्यापार को गंभीर

संकट का सामना करना पड़ा और कई व्यवसाय विफल हो गए। ऐसे प्रावधान किए जाने चाहिए कि दिन-प्रतिदिन के संकट से बचा जा सके। इसके लिए, एक उद्यमी के पास कुछ अतिरिक्त धन, महत्वपूर्ण मशीनरी बेल्ट या स्पेयर पार्ट्स और अन्य संसाधन होने चाहिए, जिनकी अनुपस्थिति कंपनी के काम में बाधा डाल सकती है। न सिर्फ़ महामारी, अन्य आपातकालीन स्थितियां भी हो सकती हैं जो आपके काम को रोक सकती हैं; जैसे आपूर्तिकर्ता को कुछ संकट हो सकता है और समय पर वितरित करने में असमर्थ हो सकता है, या एक महत्वपूर्ण कर्मी छुट्टी पर हो सकता है, या कोई अन्य अप्रत्याशित स्थिति हो सकती है। नियमित आधार पर भंडार को बनाए रखने और समीक्षा करने से ही संकट का प्रबंधन किया जा सकता है। अगर यह व्यावसायिक स्थितियों में बदलाव के साथ कुशलता से नहीं किया जाता है, तो व्यापार निरंतरता में बाधा आ सकती है।

बढ़ा परिवार, दूसरों के लिए जीवन जीना

एक व्यवसाय स्थापित करने के बाद, आप हितधारकों की संख्या के कारण एक बढ़े हुए परिवार की जिम्मेदारी उठाते हैं। आप अपने, हितधारकों और यहां तक कि सरकार के लिए असाधारण काम करने के लिए भीतर से संतुष्ट और प्रेरित महसूस करते हैं। आप सरकार के लिए एक स्तंभ बनें, जो देश के विकास में भी मदद करे।

आइए हम अवलोकन करें कि अब सभी व्यवसाय परिवार का हिस्सा कौन हैं:

- ➢ परिवार
- ➢ प्रमोटर
- ➢ निवेशक
- ➢ हितधारक
- ➢ सरकारी इकाई
- ➢ बैंक

> ➢ कंसल्टेंट्स
> ➢ कर्मचारी

आपको हमेशा यह ध्यान रखना चाहिए कि व्यवसाय इतने बड़े परिवार को कैसे भुगतान कर रहा है और कितने लोग इस व्यवसाय की स्थापना पर निर्भर हैं। आपको यह महसूस करने की ज़रूरत है कि अब आपको इसे न सिर्फ़ अपने लिए बल्कि बढ़े हुए परिवार के लिए भी बनाए रखना है।

सारांश:

> ➢ बिजनेस नेटवर्क एक महत्वपूर्ण नेटवर्क है जो आपके लिए काम करता है। आपको यह समझना होगा कि आप इससे अधिकतम लाभ कैसे प्राप्त कर सकते हैं।
> ➢ किसी भी मामले में, अपने व्यापार रहस्यों को अपने पास रखें, क्योंकि यह आपके व्यवसाय का एक्स फैक्टर है। इसे बुद्धिमानी से साझा करें ताकि प्रतियोगी आपके विकास में बाधाएं पैदा न करें।
> ➢ हमेशा संकट के लिए भंडार रखें, क्योंकि अनगिनत ऐसी परिस्थितियों के कारण व्यवसाय लगातार जोखिम में रहता है, जो आपके नियंत्रण से बाहर होती हैं। अपने व्यवसाय को जोखिम से बचाने के लिए, धन और महत्वपूर्ण संसाधनों जैसे भंडार बनाना महत्वपूर्ण है।

गतिविधियां:

> ➢ नैतिकता का एक सेट तैयार करें जिसे आप व्यवसाय में रहते हुए कभी समझौता नहीं करेंगे।
> ➢ अपने नेटवर्क को सूचीबद्ध करें और अपने विचार के बेहतर संस्करण के लिए उनके साथ अपनी योजनाओं पर चर्चा करें।
> ➢ उन योजनाओं के जोखिम की गणना करें जिन्हें आप निष्पादित करने जा रहे हैं।
> ➢ अपने बढ़े हुए परिवार को धन्यवाद दें जो आपकी सफलता में योगदान देगा या जिसने योगदान दिया है।

निष्कर्ष

आकाश जितना बड़ा सपनों का आदमी, अपार क्षमता और ऊंची उड़ान भरने की जड़ क्षमता के साथ - सचिन पारस को इस तरह परिभाषित करेंगे, जब वह अब तक हासिल की गई सभी चीजों के लिए उन्हें गर्व से देखेंगे। पारस, जो अपुष्ट था, कौशल में कमी थी, व्यवसाय का संचालन करने के बारे में अनजान था, एक बड़ी विनिर्माण इकाई के निदेशक तक का सफर एक घरेलू सहायक होने से तय किया था। उसने न केवल उस पूर्व-नियोक्ता के सामने खुद साबित किया जिसने उसका अपमान किया था, बल्कि वह ऐसी सफलता हासिल करने में भी कामयाब रहा जिसका कई लोग केवल सपना ही देख सकते थे। एक बार जब उसने अपनी यात्रा शुरू की, तो हार नहीं मानी। रास्ते में सीखना, अपनी क्षमताओं को उन्नत करना, ज्ञान प्राप्त करना, अपने नेटवर्क का विस्तार करना, रास्ते के हर कदम पर व्यापार की कड़ियों को सीखना। आज, पारस ने अपनी उम्मीदों से परे हासिल किया है, फिर भी, एक मिनट के लिए भी वह अपनी जड़ों को नहीं भूल पाया है। उसका प्रयास लोगों तक पहुंचना, उनकी जीवन शैली को ऊंचा करना और उन्हें ज्ञान और कौशल प्रदान करना सराहनीय है।

साथ ही, वह सचिन का ऋणी है, जो उसकी क्षमताओं पर विश्वास करने वाले पहले व्यक्ति थे। उसके बिना, वह अपनी आकांक्षाओं को हासिल नहीं करता। और इसी वजह से वह आज भी सचिन का पूरा ख्याल रख रहा है। सचिन अंततः प्रदूषण मुक्त वातावरण में भारत से बाहर चले गए, ताकि उनकी किडनी बिना किसी समस्या के काम कर सके। पारस उन्हें आर्थिक मदद और सचिन को जो भी अन्य मदद की आवश्यकता होती है वह देना जारी रखता है। दूसरी ओर, सलाहकार और बैंकर उसके मार्गदर्शक देवदूत बने रहे। सलाहकार अब अपने स्टार्टअप विचारों के लिए जाने जाते हैं, जबकि बैंकर को एमएसएमई व्यवसाय की बुनियादी जरूरतों की अपनी समझ के

कारण बैंक के महाप्रबंधक के रूप में पदोन्नत किया गया है। वे अब एक टीम थे, एक दूसरे का समर्थन कर रहे थे। पारस का मकसद आखिरकार पूरा हो गया और वह चावल की उच्च गुणवत्ता और स्वस्थ संस्करण के साथ समाज की सेवा करने के अपने मिशन में सफल हुआ। इससे उसके जीवन को एक बड़ी सफलता मिली।

आज तक, पारस की सफलता की यात्रा जारी है, क्योंकि उसने कई विनिर्माण इकाइयों की स्थापना की है। उसके अनुकरणीय जीवन ने कई लोगों को जीवन में आने वाली चुनौतियों से विचलित हुए बिना एक के बाद एक मील के पत्थर हासिल करने और अभूतपूर्व ऊंचाइयों तक पहुंचने के लिए अपने पंख फैलाने के लिए प्रेरित किया है।

पावती और आभार

सबसे पहले, मैं इस शुरुआत के लिए भगवान गणेश को और मेरे कौशल को तेज करने के साहस के लिए भगवान हनुमान को नमन करता हूं।

यह मेरे दादा-दादी थे, जिन्होंने मुझे कहानियों और किताबों और कल्पनाओं की खूबसूरत दुनिया से परिचित कराया। मेरे दादाजी ने मुझे इस दुनिया को अपने कंधों पर दिखाया था और जीवन के शुरुआती चरण में कौशल सिखाया था।

मेरे माता-पिता, रेशमा तनेजा और हरीश कुमार तनेजा, जिन्होंने जीवन के हर चरण में मेरी मदद की है और मुझे हर चरण में अपने जुनून को आगे बढ़ाने के लिए प्रेरित किया है।

मेरी बहन और जीजाजी, जो हमेशा मेरे साथ रहे हैं, प्यार बरसा रहे हैं और मेरे जीवन में समर्थन के स्तंभ हैं।

मेरी टीम के सदस्य, जय शंकर, अमित, पंकज, गौहर, और अन्य, जो कार्य जीवन संतुलन की गति को बनाए रखने के लिए हमेशा स्टैंडबाय मोड पर उपलब्ध थे।

मेरे दोस्त, अमित, हितेश, अंकित, आशीष, पारस, राकेश और अन्य, जिन्होंने दुनिया के साथ लड़ाई लड़ी ताकि मैं अपने जीवन के महत्वपूर्ण निर्णय ले सकूं।

केदार पांडा, जिन्होंने मुझे अपने निरंतर मार्गदर्शन के साथ अपनी पुस्तक को पूरा करने के लिए प्रेरित किया।

जानकी ठक्कर वह जादूगर हैं जिन्होंने छड़ी लहराई और इस पुस्तक को हर मायने में पूरा करके जीवन दिया। उसके इनपुट के बिना, मैं वह नहीं कर सकता था जो मैंने किया था।

कवर डिजाइनिंग और फॉर्मेटिंग के लिए स्नेहा को धन्यवाद।

मैं अपने ग्राहकों को तहे दिल से धन्यवाद देता हूं, जिन्होंने मुझे अपने व्यवसाय को बदलने और न केवल पेशेवर रूप से बल्कि व्यक्तिगत रूप से मुझसे जुड़े।

सरकारी विभागों में मेरे दोस्तों को उनकी बहुमूल्य प्रतिक्रिया के लिए और शोध में मेरी मदद करने के लिए मैं तहेदिल से धन्यवाद देता हूं।

इस पुस्तक के आकार लेने में प्रत्यक्ष या अप्रत्यक्ष रूप से योगदान देने वाले अनेक लोगों का धन्यवाद। अंत में, लेकिन यह सिलसिला यहीं थमेगा नहीं, हर उस व्यक्ति को तहे दिल से धन्यवाद जिसने मुझे पढ़ा और सराहा, और उसे भी जो आगे इसे पढ़ेगा...जो कुछ मैंने लिखा है... आपकी ज़र्रानिवाज़ी की वजह से ही मैं यहां हूं...।

www.ingramcontent.com/pod-product-compliance
Lightning Source LLC
Chambersburg PA
CBHW031151130726
47988CB00006B/2633